실존주의 코칭 입문

An Introduction to Existential Coaching

호모코치쿠스 23

실존주의 코칭 입문
: 알아차림 · 용기 · 주도적 삶을 위한 철학적 접근

An Introduction to Existential Coaching

야닉 제이콥 지음
박신후 옮김

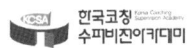
한국코칭
수퍼비전아카데미

AN INTRODUCTION TO EXISTENTIAL COACHING
Copyright © 2019 by Yannick Jacob
Authorised translation from the English language edition published by Routledge,
a member of the Taylor & Francis Group
All rights reserved

Korean Translation Copyright © 2021 by Korea Coaching Supervision Academy
Korean edition is published by rrangement with TAYLOR & FRANCIS GROUP
through Imprima Korea Agency

이 책의 한국어판 저작권은 Imprima Korea Agency를 통해
TAYLOR & FRANCIS GROUP와의 독점 계약으로 한국코칭수퍼비전아카데미에 있습니다.
저작권법에 의해 한국 내에서 보호를 받는 저작물이므로
무단전재와 무단복제를 금합니다.

"실존은 본질에 앞선다."
- 장폴 사르트르

실존주의 코칭 입문

『실존주의 코칭 입문An Introduction to Existential Coaching』에서 야닉 제이콥Yannick Jocob은 코치와 고객이 적용하기 쉽고, 실용적인 실존주의 사고와 그 가치에 관한 개요를 제공한다.

제이콥은 실존주의 철학을 탐색하기 전에 먼저 변화, 성장, 이해, 변혁을 위한 강력한 도구인 코칭을 소개하는 데서 출발한다. 그런 다음 실존주의 철학이 코칭 실행방법에 어떻게 접목될 수 있는지를 보여준다. 이 책에서는 실존주의의 주요 주제들을 살펴보고, 실질적인 모델과 그것을 조직과 리더십에 적용할 때 코칭 공간에서 어떻게 나타나는지를 보여준다. 제이콥은 실존주의 코칭을 어떻게 실행하고, 고객을 어떻게 확보하며, 전략적 파트너와 어떻게 관계를 맺을지에 관한 지침을 제공한다. 그런 다음 윤리적 차원에서 실존주의 코칭 작업을 평가하는 것으로 결론을 맺는다. 『실존주의 코칭 입문』은 성찰적 질문, 연습, 개입과 전반적인 활동을 통해 더욱 깊이 있는 삶과 일을 원하는 사람들 또는 실존주의 코치로 성공하고자 하는 누구에게나 귀중한 가치를 줄 것이다.

접근하기 쉽게 작성하고 다양한 참고문헌과 자료를 제공하는 『실존주의 코칭 입문』은 경험이 풍부한 코치의 레퍼토리에 영감을 더해줄 뿐만 아니라 훈련 중인 코치에게 필수적인 지침이 되기도 한다. 또 학계와 학생들에게 실존철학을 이해하도록 해주고, 책임 있는 코칭 전문가가 더욱 의미 있는 대화를 할 수 있도록 도와준다.

야닉 제이콥은 영국 이스트 런던 대학교University of East London의 코칭심리학 석사 프로그램의 리더였으며, 개인 분야의 코치, 트레이너, 수퍼바이저, 중재자 및 변화 주도자이다. 그는 코치 및 지도자와 자신이 중요한 책임자 위치에 있다고 생각하는 사람과 함께 일한다. 그는 균형과 명료함을 믿으며, 사람들이 생각하는 것을 돕고, 행복에 이르기 위해 인간 경험의 모든 범위에 걸쳐 살아갈 용기를 개발하도록 돕는다.

목 차

실존주의 코칭 입문	⋯⋯ 6
역자 서문	⋯⋯ 10
감사의 말	⋯⋯ 14
서문	⋯⋯ 19
머리말	⋯⋯ 25
도입	⋯⋯ 43
1장. 코칭	⋯⋯ 53
2장. 실존주의 코칭	⋯⋯ 71
3장. 실존주의	⋯⋯ 101
4장. 실존주의 코칭 실제	⋯⋯ 157
5장. 비즈니스에서의 실존주의 코칭	⋯⋯ 201
6장. 윤리적 차원	⋯⋯ 215
7장. 실존주의 코칭 실행 확립	⋯⋯ 223

요약	…… 249
색인	…… 255
추천사	…… 258
저자 및 역자 소개	…… 272
발간사	…… 274

역자 서문

코치의 길을 나선 사람은 누구나 최소 한 가지 이상 자신만의 화두를 숙명처럼 안고 간다. 때로는 그것이 자신의 길잡이 역할을 하기도 하고 때로는 스승의 역할을 하기도 하지만, 그 과정에서 자신을 (일시적인) 좌절의 늪으로 이끌기도 한다. 그러다 보면 코치로서의 첫걸음에 간직했던 화두는 한쪽에 묻어 둔 채로 내 안의 눈을 감아버리고, 익숙하고 편안한 꽃길로 시선을 돌려 한참을 가기도 한다. 그러나 잠자리에 누워 잠을 청하는 순간 불현듯 감겨 있던 내 안의 눈이 떠지며 나에게 질문한다. "나는 내 길을 잘 가고 있는가?"

코치는 고객의 성장을 위해 기꺼이 위험을 감수하며 알지 못함의 세계로 뛰어들어야 한다. 그러나 내 몸은 본능적으로 그렇게 하지 말라고 온몸으로 저항한다. 차라리 강한 압박이라면 '굴하지 않으리라'는 의지를 담기가 쉽다. 따스한 봄날과 같은 부드러운 유혹은 벼려낸 내 의지를 한순간에 무디게 만들어 버리고 몽유병 환자처럼 눈을 감고 유혹 속으로 걸어 들어간다.

코칭을 배우면서 끊이지 않는 생각들: 진정한 변화는 무엇인가? 지속적인 변화는 가능한가? 이 변화를 시작으로 고객은 스스로 더 성장할 수 있는가?

그래서 Doing보다는 Being에 집중하라고 한다. 문제는 Being이란 단어도 알고 뜻도 알지만 어떻게 행해야 하며, 어떻게 몸에 배이게 해서 그 향이 흘러나오게 하는가이다.

Being은 존재를 이야기한다. 인간으로서, 우주의 유일한 존재의 의미를 이야기한다. 그래서 코칭 현장은 '존재와 존재'의 만남이어야 한다. 이러한 의제를 가지고 매번 길을 나서지만 이내 다른 곳으로 눈을 돌리고, 길을 잃어버리고 엉뚱한 곳에서 방황하기 일쑤다. 코치로서 내 시간이 그렇게 흘러갈 즈음, 야닉의 책은 나에게 내면의 눈을 다시 뜨게 해주었다.

코치와 고객의 관계가 존재와 존재의 만남이 되려면 먼

저 코치로서 나 자신이 존재가 되어야 한다. 내가 존재로 서지 못한다면 '존재와 존재' 자체가 성립되지 않는다. 야닉은 이 책을 통해 실존주의 코칭을 소개하고 있지만 이는 동시에 독자로 하여금 자신의 존재에 대한 성찰을 다시 해 볼 수 있는 계기를 마련해 준다. 다소 도전적이고 때로는 불편하기까지 한 질문들 속에서 애써 외면해 온 나를 바라보게 하고, 성찰을 통해 내 시야를 넓혀 준다. 사르트르가 말하는 '자유라는 저주'를 가진 인간으로서 야닉의 글 또한 나에게 선택의 자유를 강요한다. 그렇지만 책을 번역해 가면서 마주함, 선택 그리고 불안과 같은 단어들에 친숙해지기 시작한 나를 발견한다.

실존, 실존주의 이런 단어들은 분명 우리가 살아가면서 쉽게 떠올리거나 일상 대화 속에 나올 수 있는 단어들은 아니다. 그러나 우리의 삶은 실존의 주제에서 결코 자유롭지 못하다. 죽음, 시간성, 자유, 부조리, 덧없음 ……. 피할 수 없는 인간조건은 책에서나 볼 수 있을 듯한 말들이다. 굳이 생각하지 않아도 살아가는 데 문제는 없다. 그러나 우리는 삶의 어느 순간 불현듯 자신에게 '내가 누구인지, 지금의 삶이 내가 원하는 삶인지, 지금 나는 행복한지'를 묻는다. 이러한 실존의 순간은 인간 존재로서 자신을 인식하는 순간이며, 나는 코칭이 고객을 이러한 순간으로 초대해야 한다고 믿는다.

야닉의 책은 코칭의 새로운 접근을 제시하며, 실행 모델과 함께 개략적인 비즈니스 모습과 조언을 제공한다. 이 책으로 실존주의 코칭의 모든 것을 알 수 있는 것은 아니지만 분명 새로운 출발선에서 한 걸음 옮길 기회를 제공한다. 이 책이 코치의 여정에 긍정적 성장의 작은 시금석이 되기를 소원하며, 출간을 위해 귀중한 시간을 내어 아낌없는 조언을 해주신 김상복 코치님, 정익구 코치님에게 감사드린다. 그리고 항상 나를 든든하게 믿어주는 아내에게 고마움을 전한다.

2021년 5월
역자 박신후

감사의 말

이 책에 영향을 준 분들은 모두 언급할 수 없을 정도(사실 헤아릴 수도 없을 정도)이다. 사람들이 나를 만나면 나에게 탐구심과 호기심이 상당히 많다는 것을 알게 된다. 그래서 자기 삶의 방식으로 또는 내 견해와 의견에 도전하는 방식으로 자기 이야기와 경험을 여러 가지 방법으로 나눠준 모든 분에게 감사드린다.

나는 특히 아내 넬리Nelly에게 감사한다. 그녀는 가장 사랑스럽고, 열정적인 방법으로 쉼 없이 내 세계관을 탐구하게 하고 고양하며, 자신의 풍부한 정신분석 훈련과 경험을 통해 내가 끊임없이 성장하도록 내 철학과 실행을 바라보게 해주었다. 당신과 함께하는 여정은 내 생애 최고의 일이었으며, 당신의 이름으로 더 많은 책이 나올 것으로 예감한다.

나는 또한 비판적인 시각으로 긍정심리를 탐구하고 코칭-치료의 통합적인 실행에 대한 나 자신만의 접근 방식을 개발하는 여정을 함께한 내 훌륭한 멘토이자 소중한 친구가 된 내쉬 포포비치Nash Popovic 박사에게 감사를 전하고 싶다. 내쉬가 없었다면 내가 진행한 방법으로 학계에 발을 들이려고 노력하지 않았을지도 모르며, 이 책 또한 지금과는 아주 다르게 보이고, 느껴지고, 들리게 되었을 것이다. 내쉬! 감사해요!

믿을 수 없을 정도로 나를 지원해주신 부모님께 진심으로 감사드리고 싶다. 부모님은 내 끝없는 호기심을 그냥 참고 받아들이는 것뿐만 아니라, 사회의 기준이나 부모님이 내 호기심에 대해 어떻게 느꼈는지에 상관없이, 내가 믿는 것을 지지하고 이 세상에서 나 자신의 길을 용기 있게 따르도록 격려해주셨다. 더할 수 없이 감사하다.

내 가르침, 훈련, 수퍼비전 공간을 거쳐온 모든 코치와 함께 깊은 대화와 열린 참여 그리고 이 책을 오늘과 같이 발전하게 한 어려운 도전들을 지나오면서 그들에게 많은 것을 배웠다.

이 책의 완성에 중요한 역할을 했고, 초고를 쓰라는 기회와 격려 그리고 주제에 맞는 첫 훈련 코스를 자유롭게 설계할 수 있도록 해준 닉 볼턴Nick Bolton에게 감사와 깊은 존경을 표현하고 싶다. 아니마스Animas 팀과 폭넓은 지역 커뮤니티에서 함께한 시간은 내가 마치 고향에 돌아온 느낌으로 나 자신의 훈련 스타일을 만들 수 있었다. 코치들을 훈련하는 방식에 관한 한 나는 항상 아니마스를 내 정신적 고향이라고 부를 것이다.

나는 모니카 하나웨이Monica Hanaway에게 감사하며, 의미 있는 서문과 실존주의적 접근에 대한 많은 기여에 감사한다. 그녀는 에미 반 뒤르첸Emmy van Deurzen과 함께 실존주의 코칭의 첫 학위 과정에 생명을 불어넣음으로써 내 코칭 여정의 중요한 부분이 되었을 뿐만 아니라, 이후 실존적으로 정보에 근거한 갈등 해결의 중재자로 리젠트 대학에서 나를 훈련하고, 자신의 다양한 직업적 영역을 넘어 지속해서 개발을 지원하고 격려해주었다.

나는 또한 긍정심리학 제2 물결의 한 부분을 이루었던 모든 학자, 작가, 연구자 그리고 실천가들에게 감사드린다. 내가 깊이 매료되어 있던 분야로, 본질에서 인간이 살아온 경험의 맥락에서 볼 때 불완전한 것으로 밝혀진 과학과 실존적 주제를 통합하는 것을 목표로 한다. 처음 만날 때부터 나를 격려해주었고, 내가 훈련해왔지만 제대로 공식화하지 못했던 것들을 글로 표현해준 폴 웡Paul Wong과 PP2.0 작업을 도운 이스트 런던 대학의 동료들, 이타이 이브찬Itai Ivtzan, 팀 로마스Tim Lomas, 케이트 헤프론Kate Hefferon과 지속적인 영감과 지식을 애정을 담아 전파한 로나 하트Rona Hart, 윌리엄 패닝턴William Pennington, 그리고 MAPPCP 팀 전체에 감사한다. 내게 학업을 시작하게 하고 많은 문을 열어준 MSc 코칭심리의 Programme Lead에서 나를 믿어준 크리스티안 반 니우어르뷔르흐Christian van Nieuwerburgh와 아네타 투나리우Aneta Tunariu에게도 특별한 감사를 전한다. 나는 지금도 우리가 내 '긍정적 실존주의 코칭에 대한 소개Introduction to Positive Existential Coaching' 모듈을 적절한 시기에 실행할 수 있기를 바란다.

나는 전 세계 다양한 스키 리조트 안팎에서 나 자신의 죽음에 직면하는 기회를 많이 준 데 대해 내 동생 마르쿠스에게 감사하고 싶다. 그 과정에 따라 일어난 경험과 성찰은 실존적 재료의 무한한 자원이 되었다.

그것이 무엇이든 인생이 나를 향해 무엇인가를 던질 때마다 곁에 있어준 내 '동생' 멜에게 특별히 말해주고 싶다. 너는 연약해 보이지만 내가 아는 가장 단단한 바위야. 그리고 널 사랑해.

제이슨 실바Jason Silva, 이렇게 매력적이고 현대적인 형식으로 긍정적 실존주의 사고를 세상에 전해주어 감사하다. 당신의 영화는 쉽게 전염되는 강한 긍정적 태도와 자신에게서 느낄 수 있는 아이 같은 호기심으로 그것을 보는 사람들이 그들 자신의 인간 경험에 더 깊이 뛰어들 수 있도록 해준다. 우리는 친구가 되어야 해!

나를 훈련하거나 다른 방법으로 가르치거나 영감을 준 모든 실존주의 프랙티셔너들, 특히 에미 반 뒤르첸, 제이미 리드Jamie Reed, 안젤라 조플링Angela Jopling, 어빈 얄롬Irvin Yalom, 어네스토 스피넬리Ernesto Spinelli, 데이비드 풀링거David Pullinger, 아부디 샤비Aboodi Shabi, 팀 레본Tim LeBon, 모 만디Mo Mandie, 그렉 메디슨Greg Madison, 그리고 이 책에서 언급된 모든 실존주의 사상가와 작가에게 감사를 표한다.

그리고 마지막으로 용기 있게 살아가는 모든 분께 감사드리고 싶으며, 인간조건human condition을 마주하고 두 눈을 부릅뜨고 사는 모든 분께도 감사드리고 싶다. 미소로 감싸는 모든 이에게 찬사를! 당신은 내 모델! 나를 나아가게 한다.

서문

불확실한 시대에 사는 우리는 그 불확실성을 축하하며 기꺼이 맞이하는 방법을 찾아야 한다. 이것이 실존주의적 접근법의 핵심이다. 우리는 불확실성이 우리에게 제공하는 공간과 자유를 환영하고 받아들이는 법을 배울 수 있다. 사실 불확실성은 창의성을 향한 명확한 요구로 볼 수 있다. 우리는 확실성이 없어서 만들어지는 공백으로 뭔가 의미 있는 것을 해야 할 의무가 있다. 야닉Yannick은 실존주의, 코칭심리학, 현상학, 그리고 긍정심리학에서 생각을 하나로 모으는 『실존주의 코칭 입문An Introduction to Existential Coaching』을 집필하면서 이러한 도전을 시도했다.

코칭과 같은 현대적인 주제에 지난 세기 중반에 더 일반적이었던 접근 방식을 요구하는 것이 직관에 어긋난 것처럼 보일 수 있지만, 나는 실존주의적 접근 방식이 개인적이든 전문적이든 상관없이 오늘날의 시대와 도전에 매우 적합하다고 굳게 믿는다. 나는 실존적이고 현상학적 사상과 함께 학계의 높은 영역을 넘어서는 실용적인 공간을 제공하고, 특히 오늘날의 리더들에게 더욱 필요하다고 생각하는 비즈니스 세계에서 그것을 사용하는 데에 열정적이었다. 이 안내서는 실존주의 접근법에 대한 기초와 실제 적용으로 들어가는 확실한 입구를 제공하며, 이러한 접근법에 관한 관심을 더욱 확장해야 한다.

2010년, 나는 에미 반 뒤르첸Emmy van Deurzen이 실존주의 코칭 훈련을 제공하는 데 관심이 있을지 알아보기 위해 런던의 새로운 심리치료 및 상담 학교에 있는 그녀와 접촉했다. 에미는 실존주의 사상을 토대로 하는 학교를 설립했다. 그러나 그때 제공되는 훈련은 오로지 실존주의 심리치료에만 초점이 맞춰져 있었다. 나는 이 중요한 작업에 기반을 두고 좀 더 비즈니스적으로 접근하고 싶었다. 초기 대화에서 실존주의 코칭 석사학위 과정 개발을 끌어냈는데, 현재 미들 섹스 대학을 통해 검증되고 있다. 이것은 실존주의 코칭에 특별히 초점을 맞춘 첫 번째 책인 『코칭에 대한 실존주의적 관점Existential Perspective on Coaching』의 출판으로 이어졌다(van Deurzen & Hanaway, 2012). 그 책은 실존주의적 접근법을 지지하는 철학을 탐색했고, 다른 접근법과 대조하고 비교했다. 많은 기고 작가와 이미 확립된 코칭 실행에 실존적 접근법이 무엇을 가져왔는지를 논의했다. 이 책은 실존주의 코치의 특정 기술에 초점을 맞추려는 것이 아니었기 때문에, 2014년에 제이미 리드와 함께 나는 『실존주의 코칭 스킬 핸드북Existential Coaching Skill: The handbook』을 펴내며 이 필요성을 다루기 시작했다. 석사학위를 마친 학생들과 이 책들의 독자들은 그 이후로 비즈니스 리더들과 함께 작업하면서 실존주의 아이디어를 수용했고, 기존 코치들은 또 다른 작업 방식의 접근법으로 관심을 두기 시작했다(따라서 그들의 서비스 포트폴리오에 새로운 제안으로 추가하기 시작했다). 코칭 훈련과 인증 자격을 원하는 이들은 코치 직업으로 들어갈 때 실존주의 관점을 선택했다.

실존주의 코칭의 발전은 아직 초기 단계이며 새로운 생각과 도전할 영역이 많다. 나는 나 자신의 작업 대부분을 실존주의 리더십에 집중해왔지만, 그 접근 방식은 직업적 전문 분야뿐만 아니라 개인에게도 똑같이 관련이 있다. 자신의 성장을 촉진하기 위해 실존주의 코칭을 찾는 개인들과 어려운 시기에 그들 사업에서 성공하기를 열망하는 혁신적인 기업들에서 점점 더 많은 관심을 받고 있다. 이들 기업과 개인은 분명한 가치와 신념에 진정성 있게 의미를 부여함으로써 성공을 추구한다.

대학원을 설립할 때 나는 첫 졸업생 가운데 한 명이며, 열정적으로 그 용어를 확산시키는 역할을 받아들이고, 전파하고 그 주제에 대한 새로운 생각을 제공하는 야닉을 알아보지 못했다. 야닉은 짧은 시간 안에 실존주의 코칭 훈련 모듈을 구성했고 이 책을 쓰면서 배운 교훈을 사용하고 있다. 그의 강좌에 참여하는 사람들이 제기한 질문과 그들이 나눈 경험은 야닉의 저작에 틀을 제공함으로써, 모든 독자가 무엇이 코칭인지(또는 아닌지)에 대한 저마다의 이해와 상관없이, 그들의 작업 방식을 알려줄 귀중한 아이디어, 개념, 기술 및 도구를 찾을 수 있게 되었다.

이 책은 야닉 자신의 연구(Jacob, 2013)와 이미 나와 있는 한정된 자료와 문헌에 기반을 둔 실존주의 코칭을 소개한다. 야닉은 코칭을 처음 접하는 독자들에게 직업에 대한 아이디어를 제공하고 코칭 맥락 안에서 주요한 실존적 문제를 명확하게 설명한다. 특히 그는 실존주의적 접근법을 긍정심리학과 결합하여, 흔히 어둡고 비관적인 것으로 묘사되는 실존주의 학파에 대한 긍정적인 시각을 제공한다.

이 책은 쉽게 따라갈 수 있도록 구성되어 있으며, 새로운 실존주의 코칭이 가져올 질문들을 제기한다. 또 각 질문의 핵심에 있는 딜레마의 실존적 성격에 대해 명확하고 정확한 방법으로 질문들을 다루려고 한다. 더불어 그는 고객을 유치하고, 풍성한 실행 과정을 개발하는 방법을 포함하여 실존주의 코칭을 실행하려는 사람들에게 실질적인 용기를 준다. 실존주의 코치, 컨설턴트, 트레이너로 일하는 사람들에게, 우리의 철학적 접근에 대해 얼마나 구체적으로 알고 있는지에 대한 의문이 있다. 많은 사람이 실존주의 사상의 본질에 관해 부정적인 가정을 하는데, 이것은 실존주의 코치가 많은 고객을 끌어들이기 어렵게 만들 수도 있다. 그러나 접근 방식을 수용하고 실천하는 사람들이 이러한 접근 방식을 더 잘 알리고 이해할 수 있게 해야 하며, 그렇게 함으로써 실존주의 코칭이 가치 있고 유용한 코칭 서비스로 자리 잡을 수 있다. 야닉의 책을 통해 이 흥미로운 코칭 접근법을 이해하는 기회가 될 것이다.

모니카 하나웨이, 2018

참고문헌

Hanaway, M., & Reed, J. (2014). *Existential Coaching Skills: The Handbook*. Henley-on-Thames: Corporate Harmony.

Jacob, Y.U. (2013). Exploring Boundaries of Existential Coaching. Master's thesis. Retrieved from www.academia.edu/8376861/Exploring_Boundaries_of_Existential_Coaching.

van Deurzen, E., & Hanaway, M. (2012). *Existential Perspectives on Coaching*. Basingtoke, UK: Palgrave Macmillan.

머리말

갓난아기는 내가 만난 가장 두려움 없는 존재 가운데 하나이다. 최근 내 둘째 조카는 새롭고 매우 효율적인 방법으로 다리 사용 기술을 알게 되면서, 그것에 자극받아 특별한 경계 없이 호기심을 맹렬히 탐구하는 나이가 되었다. 모든 아기는 선천적으로 호기심이 강하다. 그렇지만 자라면서 경험과 양육을 통해 두려움을 알게 된다. 어떤 사람들은 이미 알고 있는 안전한 공간으로 물러나고, 어떤 사람들은 위험한데도 큰 보상을 바라보고 용기 있게(그리고 때로는 무모하게) 새로운 것을 추구한다.

지금까지 호기심과 세상에 대한 깊은 관심은 언제나 내 주된 원동력 가운데 하나였고, 나는 35년 동안 어떻게든 이 본능을 지키려고 노력해왔다. 나는 탐구하고, 배우고,

성장하고, 발전하고, 이해하고, 숙고하며, 세상을 이해하는 것이 중요하다고 믿는다. 또 변화하고, 발견하고, 완성되지 않은 것들을 연결하고, 그것들을 더 큰 전체로 통합하여 다른 관점을 얻는 것이 중요하다고 믿는다. 소크라테스는 아이러니하게도 젊은이에게 진리를 탐구하게 하여 신에게 불경을 저지르고 그들을 타락시켰다는 재판에서 그를 죽음으로 이끈 유명한 명언 "반성하지 않는 삶은 살 가치가 없다."라고 말했다.

나 자신의 호기심도 많은 죽음을 이끌었다. 장난감은 버려졌고, 더 흥미로운 새로운 것을 위해 취미를 내려놓았고, 책을 읽지 않은 채 내버렸으며, 나는 새로운 관계에 몰두하면서 친구들과 연락이 끊겼다. 새롭고 흥미진진한 것을 갈망했기 때문에 많은 관계가 깨졌다. 나는 도전적인 질문을 하고, 너무 깊이 탐구하고, 너무 정직하거나, 가진 것에 익숙해지면서 더 많은 것 또는 다른 것을 원한다는 사실을 알게 되면서 오랫동안 나와 다른 사람들에게 큰 고통을 주었다. 이와 같은 삶은 쉽지 않았으며, 어떤 일이 일어나는지 깨닫기까지는 꽤 많은 시간이 걸렸다.

역사는 현재 상황status quo을 수호하려는 노력으로 새로운 발전을 묻어버리기 위해 힘겹게 싸운 사람들의 이야기로 가득 차 있다. 우리는 상황이 좋을 때는 그것이 계속 유지되는 것을 좋아한다. 그러나 처음에 아무리 좋은 것으로 인식되더라도 같은 상황이 너무 오랫동안 지속하면 지루해지고 우울해지는 경향이 있다. 인간human being으로서 우리는 항상 적응한다(큰 축복과 도전적인 저주). 나는 분명히 좋은 시간을 즐기고 있지만, 나에 대해 배운 것은 내가 다른 사람들보다 훨씬 빨리 적응하는 것 같다는 점이다(갤럽의 Strengths Finder에 따르면 이것이 내 최고의 강점이지만, 내가 경험했던 것처럼, 또한 여러 가지 면에서 부담이 된다). 오늘날 우리는 이러한 인간의 특성 때문에 쾌락의 러닝머신hedonic treadmill에 올라가 있고, 살아가면서 목표점을 끊임없이 위쪽으로 옮겨간다. 그러면서도 세상은 마치 그것이 지속 가능한 것처럼 항상 위로와 행복을 추구하는 사람들로 가득하다(긍정적 정서). 그리고 그 과정에서 삶이 제공하는 전체 스펙트럼을 수용할 때 어떤 의미와 성취가 있는지를 이해하는 데 소홀히 한다.

나는 이것이 주로 '서양'의 문제라는 것을 인정하며, 원래 실존주의 문헌 대부분이 유럽의 풍요로운 조건에서 생겨난 것은 놀랄 일이 아니다. 살아가기 바쁠 때는 존재의 질문에 대해 깊이 생각할 시간이 별로 없다. 그러나 나는 1%에서 살아남기 위해 노력하는 사람들부터 다양한 수준의 성공에 이르기까지 내가 만난 모든 계층 사람의 이야기를 통한 경험에 비추어, 이러한 초기 실존주의자들의 사상과 아이디어는 현재 그들이 경험하는 르네상스적 가치가 있다고 믿는다.

나는 지금까지 살아오면서 상당한 심리적 고통과 실존적 도전을 경험했다. 그렇지만 다행히 부모님은 그러한 것을 그냥 받아들이거나 견뎌내도록 하기만 한 것이 아니라, 사회적으로 어떻게 판단되든 내가 즐길 수 있고, 열정적으로 관심을 두는 직업이나 어떤 진정한 직업을 추구할 수 있도록 적극적으로 격려해주었다. 그들은 열정이 몰입을 낳고, 몰입이 성공을 낳는다는 것을 알고 있었다. 그리고 그들은 심리적인 행복이 재정적인 재산보다 훨씬 중요하다는 것을 알았다. 부모님은 아마 내가 처음에 의학이나 법률 같은 '안전한' 직업에 발을 들여놓았더라면 훨씬 더 편안히 잠을 잤을 것이다. 그렇지만 아들이 어떤 수상쩍은 사람들과 어울리고, 이상한 창의적 훈련에 참여하고, 그 뒤 대륙을 가로질러 심리학을 공부하고 또한 특히 그때까지 전혀 알려지지 않은 긍정심리학을 적용한 행복과 웰빙 과학을 공부하는 아들에 대한 불편함을 받아들이는 것처럼 보였다. 내가 이스트 런던 대학에서 일로나 보니웰Ilona Boniwell이 만든 세계에서 두 번째 마스터스 프로그램을 졸업할 무렵에는 긍정심리학자를 찾는 구인 광고가 없었고, 삶의 본질에 관한 깊은 철학적 질문에 대한 내 관심은 분명히 경제적으로 유망한 길을 만들게 하지는 못했다. 그것은 내가 심리치료적 관심을 진정성 있고 효율적인 방법으로 따라갈 수 있는 이상적인 방법으로써 코칭을 발견하기 전까지는 그랬다. 그 뒤 거의 모든 산업을 통해 붐이 일어나는 것을 알았다(부모님께 기쁨을). 그때 나는 내 가치에 부합하고 수요에 부합하며(다른 사람과 사는 한), 남은 삶 동안 흥미를 느끼고 계속 참여하면서 제대로만 한다면 보수도 좋은 것을 해야 한다는 것을 알았다.

내향적인 사람으로서(외향적으로 되는 것을 배워온) 나는 항상 깊은 생각에 대한 갈망이 있었다. 내가 가장 사랑하는 친구들은 사람들이 왜 일을 하고, 우리가 이 이상한 세상을 어떻게 이해할 수 있는지에 관한 이야기를 하려고 몇 시간 동안 즐겁게 앉아 있는 사람들이었다. 놀랄 것도 없이 나는 심리학 학사 학위 동안 분석, 심리치료, 상담으로 시시덕거리고 있었다. 그러나 질문하는 반항아로서, 나는 소크라테스를 제거했던 현재 상황status quo 수호자들과 같은 상태로 인식한 데 따른 한계, 지침, 경계 및 제한 등에는 감명을 받지 않았다. 나는 있는 그대로의 내가 될 수 있고, 내가 원하는 것을 할 수 있으며, 가장 도움이 된다고 생각하는 것을 할 수 있는 자유를 주는 사람들과 일하기를 갈망했다. 그것은 "아하, 당신은 그런 종류의 사람들 가운데 하나이군요."라는 특정한 카테고리로 나를 밀어 넣지 않는 작업 방식이다.

가장 중요한 것은, 사람들이 더는 삶에 대처할 수 없다고 느끼기 전에, 그리고 필사적으로 도움이 필요하다고 느끼기 전에, 사람들이 찾아갈 공간을 제공하고 싶었다는 것이다. 나는 신뢰와 존중의 관계 맥락에서 우리 내면과 외면 세계를 탐구하는 것이 매우 치료적일 수 있다는 것을 알고 있었다. 나는 왜 대부분 사람이 나쁜 일이 일어나기 전에는 그들이 누구인지 그리고 무엇이 그들을 움직이게 하는지를 왜 알아내려고 하지 않는지 궁금했다. 어떻게 살 것인가, 또는 왜 지금 그 일을 하는가에 대한 모든 경우에 맞는 한 가지 공식은 없다(그 환상이 단순함을 갈망하는 사람들 사이에서 어마어마하게 잘 팔리는 것 같지만). 나는 내 삶에서 많은 것을 생각해왔고 크고 작은 다양한 문제에서 귀중한 관점을 얻었다. 사람들이 무엇을 궁금해하고 화를 내거나 흥분하는가에 관해 깊이 탐구하는 것은 옳고 그름이 아닌 단지 다름이라는 것을 이해할 수 있게 해주었다. 그리고 다른 사람들이 삶을 어떻게 살지에 대한 선택을 내가 어떻게 판단할 수 있는가? 결국, 나는 내 자유를 소중히 여겼기 때문에 다른 사람들도 존중해야만 했다.

내 대학 시절과 초기 경력 동안, 긍정심리학의 선두에서 치밀한 학문적 논쟁을 벌이면서 많은 친구와 함께 이스트런던의 유명한 예술가 지역인 해커니 윅의 재미있고, 현실적이고, 다국적이며 창조적인 장면 사이를 오가고 있었다. 그때 나는 광범위한 사람들을 상당히 깊이 있게 알게 되었다. 친구들 가운데는 훗날 독일에서 교육 특혜를 받거나 금융이나 비즈니스 컨설팅과 같은 수익성 있는 산업에서 일하게 된 사람도 있었다. 그들이 좋은 삶이라고 여기는 것, 그들이 일상적으로 무엇을 위해 분투하는지, 그들이 삶에서 어떻게 의미를 부여하는지, 그들이 무엇을 믿고 어떻게 삶을 살아야 한다고 생각하는지를 알게 되었다. 나는 또한 다른 사람들이 치열하게 싸우는 것이 무엇인지 알게 되었고, 내가 기꺼이 배웠던 것들을 사라지게 disappear 하도록 노력하였다. 나는 불확실성을 수용하는 사고방식을 개발했다. 나는 인생을 흥미롭게 만들어 주는, 알지 못함 not knowing에 따라오는 초조한 느낌의 소중한 가치를 배웠다. 내가 말하고, 듣고, 읽었던 최고의 이야기들이 도전과 역경을 극복하는 것이라고 깨달았다. 내가 가장 연관되어 있거나, 즐기거나, 가장 자랑스러워했던 예술 작품들은 딜레마, 고난, 불확실성, 의미 탐색, 생사의 상황, 결말, 어려운 질문, 그리고 우리가 누구인지, 무엇인지, 왜 사는지에 대한 도전적인 탐구에서 영감을 받았고 만들어졌다. 그러한 질문들을 맞아 똑같은 불안을 느끼면서도, 이러한 감정에 대한 내 태도, 마음가짐, 그리고 나 자신에게 했던 이야기가 모든 것을 바꾸어 놓은 것 같았다.

  긍정심리학(인간 심리학의 긍정적인 측면을 실증적으로 탐구하는 것)을 통해 나는 그 너머에 놓여 있는 것을 볼 수 있는 특별한 렌즈를 갖추게 되었다. 자연스럽게 나는 사람들이 여정을 따라 경험하는 것의 전체 영역을 넘나들며 작업할 수 있는 프랙티셔너가 되길 원했다. 나는 성공적인 사업주, 인기 있는 인스타그램 스타, 그리고 그들이 인생에서 바라는 모든 것을 가진 것처럼 보이는 사람들이 심각하게 불행해지는 것을 본 적이 있다. 재산도 없고 기회도 적고 어깨에 시시포스 같은 삶의 무게를 가진 사람들이 번창하고 삶에 감사하는 것도 나는 보았다. 고정관념이 있는 라이프 코치들과 긍정심리학자들은 흔히 너무 긍정적이어서 인생은 당신에게 많은 양의 변화구를 던져주고, 쓴맛을 주고, 결코 누군가와 끝까지 행복하게 사는 것으로 끝나지 않게 한다는 사실을 인식하지 못하는 것처럼 보였다. 경험적 과학을 통해 사람들과 무엇이 옳은지에 관한 지식을 만드는 것은 값진 노력이지만, 그 과학을 적용하는 사람들 가운데 너무 많은 사람이 내가 지속 불가능하다고 결론지었던 행복의 종류에 대해 빠른 해결책과 지름길을 팔고 있었다.

긍정심리학자들의 제2의 물결은 행복의 개념화와 연구에 스펙트럼의 어두운 면을 통합하기 시작했다. 문제는 내가 2010년 초 MAPP 프로그램을 졸업했을 때까지 이 물결은 아직 탄력을 받지 못했고, 현재 긍정심리학 제2의 물결에서 영향력 있는 문헌은 거의 나오지 않았다는 것이다(예: Wong, 2010, 2011; Ivzan, Lomas, Hefferon & Worth, 2016). 풍부한 과학적 지식, 심리적 웰빙과 행복의 개념화, 삶의 다양한 측면을 측정하고 영향을 주기 위한 많은 도구와 개입, 그리고 인간이 살면서 경험한 스펙트럼을 통해 작업하려는 강한 욕구를 갖춘 나는 코칭과 치료를 통합적으로 접근하는 법을 찾으려고 노력했다. 나는 고객들과 심도 있게 작업하는 방법을 찾고 있었고, 전통적인 성과 중심 코칭이 할 수 있는 것보다 훨씬 더 깊은 수준에서 자신과 연결되도록 도와주고, 사람들이 자기 뜻에 따라 앞과 뒤를 바라보도록 도와주고, 당장 닥칠 위기를 바로잡으려 하기보다는 호기심과 탐구심을 가지고 그들에게 핵심에 도전하게 하는 질문 공간을 만들어 줄 작업방법을 찾고 있었다. 필요 때문에 또는 구덩이 속에서 기어오르기 위해서가 아니라, 자유롭게 관여하고 그런 질문을 잘할 수 있을 때 우리 존재의 어둡고 도전적인 면을 포용하는 법을 배우는 아름다움에 사람들이 눈 뜨게 하고 싶었다. 만약 내가 실존적인 회복력을 구축하도록 배웠다면, 다른 역경에 대한 방어 수단으로 그것이 필요하기 전에 그렇게 할 수 있다고 알았을 것이다. 내게 필요한 것은 세상은 존재하기 어려운 곳이라는 것, 그리고 겉보기에 풍요로워 보이는 환경의 사람들조차 단순한 일상이 믿을 수 없을 정도로 힘들고 도전적일 수 있다는 것을 인정하는 틀이었다.

그래서 나는 코칭과 상담 요소를 결합한 훈련 과정에 참여한 노력으로 실존주의를 발견하게 되었다. 내가 상담이나 치료사 자격을 얻게 되리라는 것은 아니지만(우리가 소화하는 문헌의 많은 부분이 그 분야에서 나온 것이었지만), 통합하는 작업에서 내가 얻은 가장 근접한 것이었다. 그리고 오늘 나는 런던 심리치료와 상담연구소 New School of Psychotherapy and Counselling에서 내가 본 것보다 더 오랫동안 그리고 더 다양하고 열정적인 소수의 학습자와 더 많은 강사와 함께 에미 반 뒤르첸과 모니카 하나웨이에 의해 만들어진 실존주의 코칭 석사 과정의 세계 최초 코호트 연구[역주1]를 마치게 되어 기쁘다. 과학과 철학, 적용된 실행방법의 혼합과 실존적 프레임워크는 나에게 집처럼 느껴졌다. 흔히 전통적으로 코칭 맥락에서 긍정심리학 렌즈를 통해 실

역주1) 코호트 연구는 특정 환경에 노출된 동종집단에 대한 시간적 변모 형태를 비노출된 집단과 비교 분석하여 예측하는 연구

존적인 생각을 보는 것은(이것들 가운데 일부는, 읽을 수 없고, 전체를 통해 진행되어야 하고, 소화되고, 처리되고, 적용되고, 질문받고, 재구성하고, 시험하고, 토론하고, 흘려보내고, 새로운 맥락에서 다시 지어야 하는) 천천히 그리고 확실하게 코치와 고객이 실존적 프레임워크 내에서 긍정적으로 함께 작업할, 단단하지만 유연한 토대를 구축하는 것이다. 나는 마치 내가 집에 돌아온 것 같았지만 매일 발견해야 할 새로운 것이 있었다. 나는 집에 머물렀지만 동시에 여전히 여행하고 있었다. 나와 이야기한 모든 사람이 인간 존재로 서로 연결될 수 있었던 것(복잡한 실존적 아이디어를 각자의 언어와 경험으로 번역하면서)을 의미하는 프레임워크를 발견했다. 이와 동시에 내가 수용하며, 상황에 따라 적절한 사람들과 작업하는 다른 접근 방식에서 도구, 개입, 기술과 과정을 그릴 수 있었다. 나는 자유로웠다. 그리고 집이라 할 수 있는 틈새 공간을 발견했다.

그리고 뒤따라 일어난 것은 잠에서 깨어난 기분이었다. 내가 어디를 가든, 사람들이 무슨 이야기를 하든, 내가 들은 어떤 매력적인 이야기든, 영화나 대화든, 사람들이 그들의 개인적인 삶이나 직업적인 삶의 다른 영역에서 가져온 문제들은 모두 본질에서 실존적 관심사와 분명하게 연결되어 있었다. 마치 행간을 읽을 수 있는 것 같았다. 이것을 되돌아보는 것이 항상 적절하지는 않았지만 내가 명확하게 경험하지 못했던 사람들의 관심과 행동에 대한 이해의 문을 열어주었다. 내가 아는 실존주의 주제들에 관하여 공개적으로 이야기하는 인기 있는 비즈니스 서적에 나는 주목하기 시작했다. 그 주제들은 이런 것들이었다: 불확실성, 위험과 의사결정; 진정성, 정체성, 취약성, 카리스마와 다르게 보일 용기; 위기, 종말, 위험성, 변화, 현상에 대한 도전; 사고방식, 탄력성, 용기; 관계의 복잡성, 강력한 가치를 가지고 나아감의 중요성; 역설, 부조리, 딜레마를 마주하는 알지 못함not-knowing의 용기; 다음 위기를 바로 앞에 두고 결코 행복할 수 없는 세상에서 강한 의지와 애정backbone and heart을 가지고 이끌기 등. 실존적 사고방식과 이러한 사상을 이해하는 사람들이 유리한 것 같았다.

(이 기간에 삶의 모든 여정에 걸쳐 있는) 내 코칭 고객들과 함께 더 많이 작업하고 읽고 토론할수록, 나는 내 생각을 다른 사람들에게 더 많이 전달할 수 있다고 느꼈다. 내 목소리를 발견하고 내 작업을 위한 강력한 기반을 구축한

뒤, 나는 같은 생각을 하는 프랙티셔너들과 내 의견을 공유할 연구원들을 만났다. 폴 웡Paul Wong(2010, 2011)은 긍정적 실존심리학에 대하여 글을 쓰고 있었고, 이스트 런던 대학에서의 후기 동료들, 특히 이타이 이브찬Itai Ivtzan과 팀 로마스Tim Lomas(Ivzan et al., 2016)는 긍정심리의 두 번째 물결(실존적 테마에 관한 참조 내용으로 가득 차 있는)과 '부정적' 감정의 가치에 관해 썼다. 에미Emmy와 모니카Monica는 다양한 프랙티셔너들을 데려와(코칭에 관해 강의하던 대다수 사람을 포함) 코칭에 대한 실존주의적 관점을 편집하였고, 또한 모니카는 동료인 제이미 리드Jamie Reed와 함께 적용 모델, 실무 지침 및 지침서와 코칭을 실행하는 맥락에서 실존주의 리더십에 관한 챕터(가까운 장래에 자신의 저서로 발전될 것) 등을 완성하여 두툼한 핸드북으로 발간했다(Hanaway & Reed, 2014). 아직은 새롭고 많이 알려지지 않은 실존주의 코칭 석사 과정과 함께 닉 볼턴Nick Bolton은 그의 코칭스쿨인 아니마스Animas를 영국에서 가장 큰 코칭스쿨로 성장시키고 궁극적으로 세계에 진출하려는 야심 찬 계획을 개발하고 있었다. 그가 실존주의 코칭에 대해 언급한 간단한 트윗을 발견하고 나서 몇 달 뒤

닉과 연결되어 실존주의 코칭과 긍정심리학에 대한 주말 훈련 과정을 디자인하게 되었다. 나는 닉의 접근법이 매우 실존적이고 그가 아니마스에서 가르치는 변혁적 코칭 접근법이 나와 매우 유사한 토대를 공유한다는 것을 알았다. 아니마스 학생들과 작업하면서 나는 코치와 고객들에게서 더 큰 질문을 탐색하고 코칭 공간에 가져온 것이 어떤 것이든 더 깊이 들어가려는 진정한 욕구가 있다는 것을 깨달았다. 모든 사람이 이런 식으로 사람들과 일하거나 그들의 존재를 좀 더 깊이 있게 바라보면서 그들의 실존적 도전에 직면해 있는 것은 아니지만, 점점 더 많은 코치가 전문적으로 나아가 고객에게 더 풍부한 서비스를 제공할 수 있도록 수퍼비전과 훈련에 접근하기 시작했다.

2015년 크리스찬 반 니우어르뷔르흐Christian van Nieuwerburgh가 이스트 런던 대학의 코칭심리에서 MScMaster of Science의 프로그램 리더십을 전수했을 때, 나는 다양한 접근법(MSc 커리어 코칭, MSc 코칭심리학, MSc 응용 긍정심리학과 코칭심리 그리고 내 동료이고, 초기 멘토이며 지금은 소중한 친구인 내쉬 포빅Nash Popvic이 설립한 획기적인 새로운 브랜드인 MSc 통합 코칭 및 상담)에 관해 수백 명의 프랙티셔너들과 아이디어를 교환하는 자신을 발견했다. 이러한 유익한 교류, 토론, 강연, 수퍼비전 세션과 사무실에서의 대화 중에 분명해진 것은 누구도 코칭과 다른 대화 방식 사이의 경계가 정확히 어디에 있는지 알지 못하지만, 모든 사람은 그들이 얼마나 멀리 갈 것인지, 갈 수 있는지, 그렇게 해도 되는지와 같은 윤리적 결정을 내려야 하는 상황에 직면할 수밖에 없었다. 나는 단계를 따라가면서 성과를 향상하고 행동을 변화시키는 것을 돕는 것으로 알려진 휘트모어Whitmore의 인기 있는 GROW 모델(Goal, Reality, Option, Way forward)을 따르기만 하는 코치를 훈련시키지는 않았다. 나는 코칭이라고 불릴 수 있는 것과 아닌 것에 대한 명확한 지침이 거의 없는 상황에서 학습자들이 어려운 결정을 내려야 하는 공간을 제공하고 있었다. 어떻게 보면 코칭은 인생 그 자체를 닮았고, 옳고 그름의 명확한 답은 없었다. 좋은 코치가 되고 싶다면 자신이 누구인지, 자신이 무엇을 믿는지, 인간 본성에 대해 어떻게 생각하는지, 변화를 일으키는 우리의 능력과 당신의 강점이 무엇인지 찾아내기 위해 행동하고, 당신의 독특함을 중심으로 자신만의 독특한 코칭 접근법을 만들어야 했다. 고객과 얼마나 멀리 갈 수 있는지는 넓게 보면 당신의 능력과 신념에 달려있으며, 오직 끊임없는 성찰 실행, 수퍼비전, 좋은 윤리적 기준, 진실하고 용기 있는 참여, 투명한 계약을 통해서만 자신감과 효과를 가지고 코칭 공간을 안내할 수 있으며, 고객에게 최고의 서비스를 제공한다. 앞으로의 도전적인 여정을 감사하게 생각한다. 아울러 우리가 답을 알 수도 없고 생각할 시간도 충분하지 않은 어려운 결정을 내려야 하는 필요성과 이것을 잘할 수 있는 유일한 방법은 알지 못함not-knowing의 상황에서도 선택하고, 우리가 행한 것과 하지 않은 것에 책임지는 것이라고 믿는다. 그리고 결국 이것은 이 땅에서 자기 시간을 최대한 활용하고, 자신의 삶과 직업에 되도록 완전하게 들어가기를 원하는 사람들에 의해 높이 평가되는 것으로 드러난다.

당신이 코치든, 고객이든(그리고 나는 항상 좋은 코치는 둘 다일 것이라고 믿는다) 이 책이 당신에게도 비슷한 여행의 시작이 되기를 바란다. 인간조건human condition을 더 잘 이해하고, 당신의 피할 수 없는 불안과 내면의 갈등을 수용하고, 용기 있게 그리고 열정을 가지고 생활하고, 그러한 인간조건 이해가 수반하는 공감을 바탕으로 고객과 동료들과 관계를 맺는 그런 여행이 되기를 바란다.

참고문헌

Hanaway, M., & Reed, J. (2014). *Existential Coaching Skills: The Handbook*. Henley-on-Thames, UK: Corporate Harmony.

Ivtzan, I., Lomas, T., Worth, P. & Hefferon, K. (2016). *Second Wave Positive Psychology: Embracing the Dark Side of Life*. London: Routledge.

van Deurzen, E., & Hanaway, M. (2012). *Existential Perspectives on Coaching*. Basingtoke, UK: Palgrave Macmillan.

Wong, P.T.P. (2010). What is existential positive psychology? *International Journal of Existential Psychology & Psychotherapy*, 3, 1-10.

Wong, P.T.P. (2011). Positive psychology 2.0: Towards a balanced interactive model of the good life. *Canadian Psychology*, 52(2), 69-81.

도입

이 책에 관하여

이 책은 코칭과 삶에 대한 실존주의적 접근을 배우는 출발점에 맞추어 짧고 명확하게 실존주의 코칭의 본질을 소개하는 책이다. 실존주의 코칭에 대한 최종 의견이나 실존주의적으로 코칭하는 특정한 시스템으로 깊이 들어가지 않고(일부 모델이나 지침은 독자들을 위해 좀 더 깊이 들어가기도 하지만), 독자들이 실존주의 코칭의 틀을 파악하고, 핵심 아이디어를 이해하며, 지금까지 코칭 실행에서 또는 삶에서 배운 것에 실존주의 코칭을 적용할 수 있는 도구와 자세한 정보를 얻는 시작점이 될 것이다.

책에서 코칭의 핵심 원리를 소개하겠지만 대부분은 실

존주의 원칙, 핵심 이슈, 모델들, 실존주의 코칭의 실용성 그리고 이러한 개념들을 수행하는 데 필요한 질문과 연습 과정 소개에 집중할 것이다. 이 책은 독자가 이미 가진 다른 코칭과 철학 관련 책들을 대체하기보다는 현재 기술과 지식(신뢰하든 아니든 독자가 가진 모든 것)에 실존주의 코칭을 더 하는 것을 목표로 한다. 이러한 전개에 따라 실존주의 코칭의 기본 개념을 소개하므로 독자는 실존주의 코칭 전체를 받아들이거나 현재의 코칭 스타일에 철학적 이해를 더 할 수 있다.

실존주의 코칭은 매일의 삶 속에서 우리가 모두(어떤 사람은 더 자주 또는 가끔씩) 느끼는 인간에 대한 끝없는 질문들을 더 깊은 수준으로 끌어내도록 돕는다. 예를 들면 이런 질문들이다: 어떻게 하면 더 행복할 수 있는가? 삶의 의미는 무엇인가? 어떻게 하면 진정한 나가 될 수 있는가? 옳은 일을 한다는 것은 무엇인가? 이것이 정말 삶의 전부인가? 내 삶의 목적은 무엇인가? 나는 잘살고 있는가?

우리가 인간으로서 갖는 또 다른 측면은 세상의 다른 사람들과 함께 인간 존재로서 피할 수 없는 특정 상태에 직면한다는 것이다. 피할 수 없는 죽음에 대한 지속적인 자각과 중요한 의미가 있는 것부터 사소하고 일상적인 것까지 모든 것은 결국 끝이 있다는 사실을 견뎌야 한다. 결과에 대한 확신 없이 선택해야 하고, 영원하지 않은 세상에서 살아야 한다. 다른 사람과의 관계를 간절히 필요로 하는 사회적 동물임과 동시에 개인의 가치를 추구하지만, 누구도 전체 속에서 자신을 완전하게 또 진실하게 보지 못한 채 살아야 한다. 이러한 인간의 소여[역주2]human givens 또는 인간조건이라고 하는 것은 가능성과 함께 한계로, 삶에서 맞이해야 하는 피할 수 없는 현실이다. 이러한 것들을 우리는 불안, 무시무시함, 불편함 또는 공포의 형태로 강하게 느낄 수 있다.

코칭 관점에서 보면 이러한 질문과 조건들은 흔히 고객들이 암시적으로 또는 명시적으로 가져오는 도전들의 핵심이다. 그리고 이러한 문제와 걱정들에 대해 항상 탐색이 필요한 것은 아니지만(고객이 요구할지라도), 인간 존재를 이해하는 방식에서 큰 가치가 있으며, 때때로 그러한 탐색은 그 사람의 경험과 삶의 방식을 변화시키면서 깊은 영향을 줄 수 있다. 사회적 압력, 정체성과 세계관이 만들어지

[역주2] 죽음과 종말에 따른 한계, 자유와 그에 따른 책임, 실존적 고립, 일시성, 무의미 등과 같이 인간에게 주어진 조건

는 방식, 자기 기대, 두려움과 불안 등으로 딜레마가 생기고, 원하지 않는 선택이나 그렇게 할 수 없다고 느끼는 것을 선택해야 한다. 또한 인간에게는 숙명과 모순들이 존재하며, 언제나 행복하고 안락하게 살려면 우리 자신을 속이거나 잘못된 망상을 유지하도록 많은 에너지를 쓰지 않으면 안 된다는 것을 더는 부정할 수 없다. 이런 상황들 속에 있는 자신을 발견할 때, 고객은 자신의 삶이 진짜가 아닌 것처럼 느끼거나 불일치를 느끼는 것이 사실이다.

이러한 것이 실존주의 코칭의 중요한 역할이고, 이 책에서 주로 소개할 내용이다.

주제 내용

- 코칭 훈련을 위한 일반적인 프레임워크
- 실존주의 코칭과 다른 코칭과의 주요 차이점
- 실존주의 사상과 그 기원
- 죽음, 무의미, 고립, 자유의 4가지 핵심 실존 주제 및 시간과 종말, 선택과 결정, 불확실성, 진정성, 정체성

과 자아, 타인의 영향, 세계관과 신념의 중요성과 함께 일상에서 이러한 테마들의 발현
- 실존적 고뇌와 나쁜 신념에 대한 심리적 방어기제
- 실존적 '해결책'
- 고객과 기초를 확실하게 다지는 방법
- 실존주의 코칭 훈련을 위한 모델과 안내서
- 현상학적 질문, '지금-여기' 인식과 같은 도구와 기술들
- 비즈니스와 리더십에서의 실존주의 코칭
- 도덕적 고려사항들
- 기존 코칭 방법과 실존주의 코칭의 통합
- 실존주의 코치로서 고객을 확보하는 방법

이 책의 끝에서 당신은 실존주의 코칭을 개괄적으로 이해할 수 있을 것이다: 어디에 적용할지, 어떻게 연습하는지, 코칭 실행에 관한 정보를 얻는 방법 등. 나는 당신이 이 책을 즐겁게 읽기를 바라며, 그것이 당신과 당신의 고객들에게 가치를 제공해주길 바란다. 만약 질문이나 코멘트나 아이디어가 있다면, 주저하지 말고 연락하라. 당신의 의견을 듣고 싶은 마음 간절하다.

이 책의 목적

코치가 고객과의 관계 초기에 명확하게 계약을 맺는 것처럼, 이 책이 제공할 수 있는 것과 제공할 수 없는 것을 정리하는 것은 중요하다. 이 책은 원래 2015년부터 2018년 사이에 아니마스 코칭센터Animas Centre for Coaching를 위해 개발된 코칭 심화과정으로 쓰였으며, 책의 목적은 다음과 같다.

- 변화, 성장, 이해와 변혁을 위한 강력한 도구로서의 코칭 소개
- 실존주의 철학(실존주의 코칭의 근간이 되는) 소개
- 실존주의 사고를 코칭 프로세스에 접목하고, 어떻게 코칭 훈련에 도움이 되는지를 확인
- 코치가 유용함을 발견하고 기존의 코칭에 실존적 요소를 더하는 데 도움이 되는 모델과 기술들을 제공
- 실존적으로 살거나 코칭하는 방법을 한 가지로 해결하기보다는 이 책의 어떤 내용이든 현재의 삶이나 코칭 훈련에 자유롭게 통합할 수 있게 함

실존주의는 철학에 깊은 뿌리를 두고 있으므로 복합적인 문학과 사상에 복잡하게 연결되어 있으며, 통합된 학파나 특정한 주도적 인물에 의해 통제되지 않는다. 따라서 이 책에서는

- 실존철학의 완전한 가이드를 주장하지 않는다. 이 책은 독자의 생각과 사람들을 만나는 방법의 문을 열고, 관심 있는 코치가 자신을 더 완전히 몰입할 수 있도록 유용한 출처들과 더 많은 자료를 제공하는 것을 목표로 한다. 실존주의 사고를 한 권의 짧은 책으로 완전히 이해할 수는 없다. 이 세계의 존재로서 자신의 경험이 실존주의 사고와 어떻게 연결되어 있는지를 반영하고, 자신의 기존 세계관과 신념 체계에 도전하게 하고, 삶, 생활과 코칭에서 더 탄력적인 틀을 구축하기 위해 잠재적으로 불편한 생각을 용기 있게 탐색할 것을 요구한다. 이 과정은 시간이 걸리며, 그래서 독자들은 저마다 문을 열어 두고 문 뒤에 있는 것들을 소화하고 처리하며, 당신이 찾은 유용한 것을 현재의 코칭 훈련과 점진적으로 통합한다. 또 일과 삶 그리고 주위 사람과 함

께 참여하는 방식을 점진적으로 통합하도록 권한다.
- 실존주의 코칭이 정확하게 어떻게 수행되는지를 말하지는 않는다. 코치들은 스스로 실존주의 사고가 자신의 코칭 수행에 정보를 주는 최선을 방법을 스스로 선택해야 한다. 실존주의 훈련에서 공통된 주제는 있지만 그것을 수행하는 올바른 유일한 방법은 없다.
- 독자를 확신시키려 하거나 독자를 실존주의 코치로 바꿔 부르도록 하지 않는다. 나는 사람들에게 여러 가지로 영향을 끼치며 (코치의 주된 코칭 접근 방식이나 특별한 절차가 무엇이든) 코칭 세션 중에 드러나는 '인간 조건human condition'에 대한 성찰에 코치가 시간을 사용하는 것이 훈련에 도움이 된다고 믿는다. 실존주의 사상가들은 이러한 주제에 귀중한 통찰력을 더해줄 수 있다. 이 책은 (이상적으로 특별 훈련 과정dedicated training, 코칭 또는 다른 인간 존재와의 만남에서 자기 존재를 발견하는 공간의 결합으로) 문화, 성별, 교육, 사회·경제적 배경, 건강 또는 기타 요인과 관계없이 우리 모두에게 삶이 던지는 많은 도전에 대한 감사와 함께 그들 존재의 모든 차원을 고려하여 더 총체적인 방식으로

고객을 만날 수 있는 능력을 강화하거나 어쩌면 발전시키는 데 도움이 될 것이다.

 계약 정신에서 볼 때 나는 인간 존재로서 편안함, 조화 그리고 평화로움(내부 갈등이 없는)을 추구하는 것에 관해 이야기하는 것이 중요하다고 느낀다. 실존주의 사상가들이 본질에서 인간 경험의 핵심에 자리한 피할 수 없는 내적 갈등과 딜레마를 드러냄에 따라 독자들은 이 책에서 다소 불편한 관점(일부는 확고한 철학적 결론으로 인해 이것을 '진실truths'이라고까지 말하겠지만)을 마주할지도 모른다. 따라서 이 책에 요약된 사상과 아이디어가 독자의 기존 세계관과 충돌할 수 있고, 이 책의 내용을 자신에게 가져오면서 불안감이 남을 수도 있다. 이 책 전체를 통하여 자신의 존재와 자신이 누구이고 세계와 어떻게 연결되어 있는가에 대한 깊은 탐색으로 이끄는 성찰적 질문을 마주할 것이다.

 개인적으로 나는 비록 그것이 나를 편안하게 해주는 비합리적인 믿음, 내가 믿는 것에 반하는 행동이나 어려운 결정과 마주치기를 피하려는 부분 등, 나는 누구인가에 대한 어두운 면과 마주해야 할지도 모른다는 것을 의미하더라도 되도록 눈을 뜨고 세상과 나 자신에 관해 내 맹점을 많이 탐구하기로 하였다.

그렇지만 나는 좀 더 편안하게 살기 위해 알지 못하는 어떤 것을 의식적이고 신중하게 선택하는 사람을 존중한다. 모르는 것ignorance이 축복이 될 수 있다. 그러나 나는 장기적으로 내 삶이라는 것에 대해 되도록 깊이 파고들고, 세상에 대해 더 많이 이해할 때 나는 더 잘 살 것으로 판단했다. 내가 글을 쓰고, 가르치고, 지도하고, 수퍼비전하고, 훈련하고, 멘토링하고, 질문하고, 동료들과 함께 하는 것은 지식과 이해를 위한 탐구 정신에서이다. 그것은 용기가 필요하고 확실히 도전적인 여행이지만, 나는 그것을 받아들이는 법을 배웠고 다른 방법으로 바꾸지 않을 것이다. 당신이 나와 함께 인간이라는 것이 무엇을 의미하는지, 그리고 우리가 이러한 이해를 어떻게 우리의 고객들과 함께 사용할 수 있는지에 대한 탐구 여정에 동참해 준다면 기쁘겠다.

1장. 코칭

코칭이란?

코칭은 대체로 규제되지 않는 직업이다. 많은 사설 기관[1]이 인증과 우수 사례 그리고 윤리적 틀에 관한 지침을 제공하지만 '코치'라는 용어는 국가 제도로 보호되지 않으며, 따라서 의미가 무엇이든 누구나 자신을 코치라고 부르고 코칭 서비스를 제공할 수 있다. 코칭에 관한 학술 문헌에서도 그 정의는 다양하며(Palmer & Whybrow, 2005) 또한 많은 논쟁의 주제가 되고 있다(Killburg, 1996; D'Abate et al., 2003). 코칭 심리에 관한 추가적인 연구(코칭 실행과 기초 이론을 조사하는 심리학의 과학적 줄기)가 10년 이상 진행되었지만 여전히 그러하다. 만약 당신이 100

명의 코치에게 코칭이 무엇인지 정의를 묻는다면 아마도 100가지 다른 답을 듣게 될 것이다. 그래서 흔히 코칭 서비스를 비싼 가격의 패키지로 만들어 고객을 끌어들여 판매하는 현실에서 프랙티셔너 자신의 독특한 판매 소구점과 코칭 실행에 대한 개별적인 접근 방식을 홍보하면서 자신의 틈새시장을 개척하려는 시도는 놀라운 일은 아니다. 그런데도 코칭심리학 연구자들(아마도 객관적이고 자신들의 논점 이상의 주제에서도 명확성을 유지한다고 자부하는) 사이에서는 코칭이 '교습 또는 지도의 형태a form of tutoring and instruction'(Parsloe, 1995)와 '단순히 상담의 다른 이름'(Carrol, 2003) 사이에서 폭넓고 다양하게 정의된다.

간략한 코칭의 역사

코칭의 기원은 스포츠, 철학, 심리학, 멘토링, 교육 및 경영에 복잡한 뿌리를 두고 있지만 지난 50년 동안 주목할 만한 발전이 이루어졌다. 1970년대 테니스 코치 티모시 골웨이Timothy Gallwey는 지도한 선수들이 기술의 일정 단계를 넘어가면서 가장 힘든 싸움은 코트의 건너편에 있는 상대 선수가 아니라 자신의 마음에 대항하는 것이라고 제시했다. 그 뒤 그는 이너게임Inner Game(Gallwey, 1972)이라는 시스템을 개발하여 출판했다. 높은 수준의 운동에서 가장 효과적으로 배우고 성장하기 위해서는 코치가 선수들이 최고 역량을 발휘할 내적 작업inner working을 조정할 공간을 만드는 것이 필요하다고 주장했다.

20년 뒤, 존 휘트모어 경Sir John Whitmore은 코칭을 기업 현장에 소개하였고, 1992년 그의 획기적인 작업인 『성과를 위한 코칭coaching for performance』(2017년 5판 발간)을 발간하면서 코칭 연습에 가장 널리 쓰이는 프로세스 모델인 GROW 모델을 제시하였다. 대부분 치료 방식의 접근 기준이 되는 문제나 고통, 결점 등에 집중하기보다 코치는 목표Goal(G)를 마음에 두는 것으로 프로세스를 시작하고, 목표를 명확히 정의한 다음, 고객이 목표와 관련하여 현재 어디에 있는지 현실Reality(R)을 탐색하기 시작한다. 어느 지점의 어떤 사람이 되고자 하는 것과 지금 현재 어느 지점의 어떤 사람 사이의 차이가 설정되면, 코치는 고객이 목표를 향해 갈 수 있는 적절한 방안Option(O)에 대한 브레인

스토밍을 촉진하고, 그다음 고객이 결과를 만드는 과정에 나타날 잠재적인 장애물에 대한 탐색을 포함하여 명확하게 정의된 나아갈 길way forward(W)을 만든다. 이러한 접근 방식의 효과를 올리기 위해 목표와 전략은 SMART(구체적이고specific, 측정 가능하며measurable, 달성 가능하고achievable, 가치와 신념과 연결되고relevant, 시간이 정해진time-bound)하게 만들도록 권장했다. 이것은 성장을 촉진하는 데 매우 효과적인 방법으로 판명되었다. 코칭에 대한 휘트모어의 정의는 오늘날 여전히 가장 널리 사용되는 것 가운데 하나이다: "자신의 성과를 극대화할 수 있는 잠재력을 여는 것unlocking. 고객을 가르치는 것보다 고객이 배우게 하는 것이 도움이 된다."

효과적인 코칭의 핵심 요소

현대 코칭의 일반적인 개념을 살펴보면, 반 니우어르뷔르흐van Nieuwerburgh(2017)는 코칭의 세 가지 중요한 요소를 규정하여 코칭을 다음과 같이 정의했다.

a. 두 사람 사이에서 일어나는 관리된 대화managed conversation이다.

b. 생각하는 방식이나 행동의 지속 가능한 변화를 지원하는 것을 목표로 하며,

c. 학습과 개발에 집중한다.

효과적인 코칭 실행이 세 개의 요소로 구성되어 있다는 것을 이해할 수 있다([그림 1.1]).

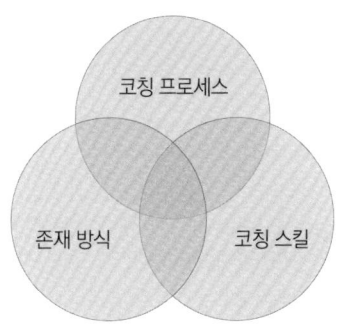

[그림 1.1] 반 니우어르뷔르흐(2017)의 개념화 코칭

a) 코치는 대화를 관리하고 통찰력, 학습과 발전을 촉진하기 위해 특정 프로세스를 적용한다.

b) 이러한 코칭 프로세스를 지원하기 위해 적극적 경청, 요약하기, 바꿔말하기, 강력한 질문, 이야기하는 것

에 대한 반응, 계약(프레임워크, 기본규칙, 방향, 코칭 방식 등에 대한 상호 동의), 브라케팅 가정bracketing assumptions, 도전 등과 같은 핵심 기술을 사용한다.

c) 상호 신뢰와 존중, 공감, 일치, 긍정적 존중, 안전, 개방, 도전받기와 도전에 대한 의지, 고객의 최고 관심사를 항상 최우선 순위에 두는 것과 같이 강력한 코칭 관계에 도움이 되는 구체적인 존재 방식을 적용한다.

> **쉬어가기**
>
> 당신은 이 세 가지 코칭 분야 가운데 어느 것에 뛰어난가? 어느 것을 개선할 수 있으며 어떻게 개선할 수 있는가? 좋은 코칭 실행에 중요하다고 생각되는 다른 영역이 있는가? 자신의 모델이나 전문직업 개념은 어떻게 보이는가?

관계 – 결정적인 중요성(part 1)

코칭 프로세스의 적용과 기술 습득은 쉽지만, '올바른' 존재 방식'right' way of being을 개발하는 것은 논쟁의 여지가 있는 모호한 개념이다. 만나는 사람들에게 실효성을 끌어내는 가장 효과적인 태도가 무엇인지에 대해 근거 있는 주장을 하기에는 충분히 탐구되지 않아서 더 어려울 수 있다. 연구자, 프랙티셔너 그리고 고객이 대체로 동의하는 것은 코칭 작업 맥락에서 고객이 성공을 어떻게 정의하든 고객과 프랙티셔너 사이의 관계가 성공을 예측하는 가장 강력한 요소라는 것이다(McKenna & Davis, 2009). 코칭은 서로 다른 가치관, 세계관 및 신념을 가진 두 사람의 만남이다. 그리고 이 공간 안에서 고객은 동료(코치) 존재와의 협력적이고 개방적이고 정직한 대화를 통해 궁극적으로 변화와 성장과 변혁을 이끄는 환경, 타인과 관련한 자각과 자기에 대한 이해를 개발할 수 있다. 모든 코치는 저마다 인간으로서 독특한unique 존재이므로, 정의에 따르면, 코치의 숫자만큼 코칭 접근법이 존재한다. "'당신이 어떤 사람인가'는 '당신은 어떤 코치인가'를 정의한다."라는 내 첫 번째 멘토인 안젤라 조플린Angela Jopling이 그녀의 멘토에게서 전해 받은 이후 나와 항상 함께하는 격언이며, 내 학생, 수퍼바이지, 훈련생들은 이 메시지가 전하는 의미를 인정하는 것 같다. 당신이 진정성을 가지고 다른 사람들과 공개적이고 정직하게 관계 맺는 한, 또한 당신이 누구와 무엇을 직면하고 있는지에 대해 궁금해하고 항상 고객의 궁극적인 주제에 윤리적으로 집중하는 한, 당신은 당신이 좋아하는 방법으로 코칭할 수 있다. 또 당신이 명확하고 투명하게 계약하여 고객이 당신에게 코칭받기 위해 사전에 동의한다면 그것을 코칭이라 말할 수 있다. 그리고 코칭은 위에서 설명한 관계에 주로 의존하지 않더라도 기술과 프로세스(인공 지능으로 곧 제공될 수 있는 것)에 더 중점을 두면 고객에게 많은 가치를 제공할 수 있으며, 진정성 있는 인간적 요소가 코칭의 효율을 높일 수 있다는 것은 널리 인정되고 있다.

쉬어가기

당신과 고객 사이의 관계에 얼마나 주의를 기울이는가? 그것이 코칭에 어떤 영향을 미치는지 아는가? 이미 인본주의적으로 코칭을 실행하는가? 수퍼비전하는 동안 관계의 성향에 대해 논의하는가? 또는 코칭에 대해 특정한 접근 방식에서 관계의 중요성이 약해질 수도 있는가(예: Grant, 2014 참조)?

코치의 역할

고객과 함께하는 매 순간, 코치는 고객과 어떻게 상호작용할지 선택해야 한다. 계약 단계에서 고객이 달성하고자 하는 목표와 코칭 작업 방식의 상호 합의와 관련하여 코칭에 대한 프랙티셔너 개인의 수용에 따라 코치가 그 순간 또는 일반적으로 갖는 역할은 다르다. 코치가 고객(특히: 사운딩 보드[역주3], 안전한 컨테이너, 교사, 멘토, 컨설턴트, 도전가, 직업적 친구, 동료 여행자, 치료사, 비춰주는 이 mirror 또는 구루 - Jacob, 2013, Sime & Jacob, 2008)과 상호 작용하는 동안 코치가 취할 수 있는 다양한 역할에서 본질을 밝히려고 노력한 결과 유용한 프레임워크가 제시되었다(Haan, 2008). 일반적으로 코치는 고객이 자신의 상황을 생각하고 말하고 느끼고 탐색할 수 있는 공간을 되도록 많이 제공하며, 대부분 해답은 이 공간에서 발견된다. 코치가 (말하거나 다른 방식으로) 개입하기로 선택할 때, 우리에게는 두 가지 주요 스펙트럼 - 탐색 대 제안, 지지 대 대항 또는 도전과 같은 다양한 옵션이 있다([그림 1.2] 참조).

역주3) 내 말을 잘 들어주고 의견을 주는 사람

```
                    제안하기

    문제 중심              해결 중심
    조언, 제안, 지시        많은 대안과 긍정적 피드백

대항하기                              지지하기

    통찰 중심              사람 중심
    '말하고 있지 않는 것'    격려, 이해함
    문제를 '안'에서부터 이해함

                    탐색하기
```

[그림 1.2] 코치의 활동 영역(de Haan, 2008, p.14)

뛰어난 코치는 고객이 최상의 결과를 낼 수 있도록 전체 스펙트럼에 걸쳐 자유롭고 적절하게 움직일 것이다. 여기에서 고객과 상호 작용하는 방법에 대한 '올바른' 결정을 만들기 위해 지속해서 고려해야 할 수많은 요인으로 인해 코칭은 뛰어난 예술 형태로 드러난다. 코칭을 올바르게 수행하는 유일한 방법은 없으며, 코치의 결정이 최적의 선택인지에 대한 확신 없이 흔히 훈련, 경험에 따른 직관과 결정으로 만들어지는 현존mindful presence을 따라간다. 이 과정의 복잡성을 완전하게 다루는 것은 간단한 소개를 다루는

이 책의 범위를 넘어서게 되며, 코칭 기초에 관한 지식이 많지 않은 독자는 반 니우어르뷔르흐van Nieuwerburgh(2017), 휘트모어Whitmore(2017), 한de Haan(2008), 버드Bird와 고르날Gornall(2016), 클라인Kline(2011) 또는 파머Palmer와 와이브로Whybrow(2007)를 참조할 수 있다.

> **쉬어가기**
>
> 코치로서 당신의 역할을 어떻게 보는가? 가장 지배적인 또는 가장 자연스러운 스타일은 무엇인가? 당신은 고객에게 어떻게 대응하는 편인가?

코칭 활동 정의

프랙티셔너의 개인적인 차이로 다양하고 광범위한 정의가 있지만, 다음의 정의가 실존적 접근법을 탐구하기 위한 출발점으로 적용되었다.

고객 스스로 선택하고, 해결책과 주제에 집중하여 성찰적 발견, 의사 결정 및 행동 여정을 촉진하는 코치와 고객 사이의 대화(Bolton, 2017, p.3).

볼턴은 여기에 다음과 같이 추가했다.

물론 이와 같은 문장은 코칭의 기초를 얻을 수 있지만, 기쁨, 흥분, 도전 및 보상을 가져오지는 않는다. 코치와 고객의 감정, 생각, 의심, 우려, 잘못된 방향 등의 측면에서 프로세스적 복잡성을 포함하지도 않는다. 그러나 코칭의 특성 정의에 대한 개요는 코칭 전체는 아니지만 대부분 코칭에서 지속해서 제기하는 몇 가지 주요 문제를 지적한다(Bolton, 2017, p.3).

쉬어가기

코칭에 대한 당신의 정의는 무엇인가? 위에서 언급한 내용 가운데 한 가지를 채택하거나 (고객과의 작업, 가치, 신념의 맥락 안에서 철저히 도전하고 성찰 시간을 갖고 나서) 자신만의 정의를 만들 수도 있다.

코칭이 아닌 것

실존주의적 질문의 본질을 감안할 때, 여기서 코칭 실행 과정의 경계를 탐색하고 고객을 보호하기 위한 노력으로 윤리와 성찰 훈련의 중요성을 강조하는 데 약간의 지면을 할애할 필요가 있다. 우리는 실존주의 코칭의 윤리적 차원을 논의할 때 윤리 주제로 돌아갈 것이다. 그렇지만 코칭(또는 프랙티셔너로서)이 치료사(당신이 훈련된 치료사가 아닌 경우)의 선을 넘지 않으면서 나아갈 수 있는 한계가 있고, 효과적으로 고객과 작업할 정도로 자격을 갖추지 못했거나, 당신의 깊이depth를 벗어난 지점에서 자신을 발견하거나 느끼게 되어 잠재적으로 고객과 자신 또는 제삼자를 심리적으로나 신체적으로까지 위험하게 할 수 있다는 것은 아무리 강조해도 지나치지 않다.

코칭과 대화로 도움을 주는 다른 접근 방식 사이의 차이에 대한 개념화를 생각해보라([그림 1.3] 및 [그림 1.4]): 다른 형태의 일대일 학습 맥락에서 본 한de Haan의 코칭 범위(2008)와 페얼리Fairley와 스타우트Stout의 질문/답변과 고객이 가져온 주제에 대한 프랙티셔너의 전문지식 수준의 스펙트럼에 따른 코칭 범주(2004).

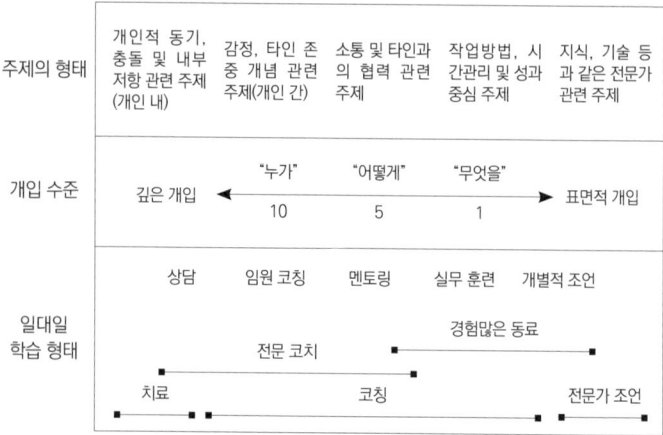

[그림 1.3] 한Haan(2008)의 코칭 범위에 대한 이해

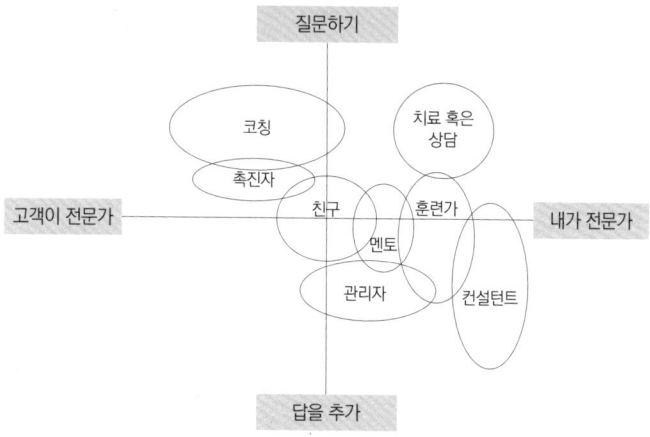

[그림 1.4] 페얼리와 스타우트의 다양한 일대일 직업의 경계에 대한 설명

비판적 시각을 가진 독자는 위의 개념화에 대해 적어도 몇 가지 도전하고 싶은 측면을 발견할 것이다. 이것은 경계, 공통점, 회색영역grey areas을 포함하여 이러한 전문 분야에 대해 이미 많은 생각을 했다는 표시이다. 일대일 코칭 실행 방식의 모습을 합리화하려는 그런 시도에 동의하는지와는 무관하게 가용한 연구, 문헌, 프랙티셔너의 설문조사와 고객, 코치, 수퍼바이저의 경험을 분석해보면 코칭이 다른 접근 방식과 겹친다. 그렇지만 대부분은 주로 역량, 행동 및 해결 중심 개입에서 보편적으로 작용한다는 것을 보여준다.

실존주의 코칭은 전통적인 코칭 실행에서 보여준 것보다 넓은 범위를 수용하므로 그 경계 또한 흐려질 수 있다. 조플린Jopling(2008)은 퍼지공간fuzzy space에 관하여 기술하면서 심리치료와 임원코칭 사이의 공통점과 차이점을 탐색하였다. 포포비치Popovic와 징크스Jinks는 다음과 같이 지적함으로써 이 점을 잘 설명한다.

> 코칭 문헌에는 모든 고객이 정신적으로 건강하고 완벽하게 기능하며 근본적인 심리적 문제에 의해 방해받지 않는다고 가정하는 것으로 보인다. 코칭 고객은 강하고 감정

을 관리할 수 있는 것처럼 보이지만 실제로는 상담 고객만큼 취약하다. 그러면서도 자신의 심리적 문제를 숨기려고 시도한다(Maxwell, 2009). (Popovic & Jinks, 2013, p.187)

> **쉬어가기**
>
> 당신은 자신의 코칭 방법과 다른 접근방법 사이의 어느 지점에 선을 긋는가? 위에서 코칭에 대한 자신의 정의를 되돌아보면 어느 곳에서 다른가? 공통점은 무엇인가? 회색 영역이 있는가? 또는 회색 영역을 설명할 수 있는가? 어느 지점에서 고객에게 다른 영역을 추천하는가? 자신의 역량이나 코칭 실행 영역을 넘어설 때와 윤리적 실천을 보장하기 위해 이러한 상황에서 해야 할 일에 대한 지침을 직접 작성해보라.

Note

1. 가장 큰 조직으로 국제코칭연맹(ICF), 코칭협회(AC), 유럽멘토링코칭협의회(EMCC), 영국심리학회(BPS), 전문경영자코칭감독협회(APECS)의 특별그룹 등이 있다.

참고문헌

Bird, J., & Gornall, S. (2016). The Art of Coaching: A Handbook of Tips and Tools. New York: Routledge.

Bolton, N. (2017). Foundations. Unpublished manuscript. London: Animas Centre for Coaching.

Carroll, M. (2003). The new kid on the block. Counselling Psychology Journal, 14(10),28-31.

D'Abate, C.P., Eddy, E.R., & Tannenbaum, S.I. (2003). What's in a name? A literature-based approach to understanding mentoring, coaching, and other constructs that describe developmental interactions. Human Resource Development Review, 2(4), 360-384.

De Haan, E. (2008). Relational Coaching: Journeys towards Mastering One-to-One Learning. Chichester, UK: Wiley.

Fairley, S.G., & Stout, C.E. (2004). Getting Started in Personal and Executive Coaching. Hoboken, NJ; John Wiley & Sons.

Gallwey, T. (1972). The Inner Game of Tennis. London: Bantam Books.

Grant, A. (2014). Autonomy support, relationship satisfaction and goal focus in the coach-coachee relationship: which best predicts coaching success? Coaching: An International Journal of Theory, Research and Practice, 7(1), 18-38.

Jacob, Y.U. (2013). Exploring boundaries of existential coaching. Master's thesis. Retrieved from www.academia.edu/8376861/Exploring_Boundaries_of_Existential_Coaching

Joplin, A. (2008). The fuzzy space: exploring the experience of the space between psychotherapy and executive coaching. Unpublished MSc dissertation, New School of Psychotherapy and Counselling, London, UK. Retrieved from http://de.scribd.com/doc/17168879/Research-Thesis-The-Fuzzy-SpaceBetween-Psychotherapy-and-Executive-Coaching

Kilburg, R.R. (1996). Toward a conceptual understanding and definition of executive coaching. Consulting Psychology Journal: Practice and Research, 48(2), 59-60.

Kline, N. (201' 1). Time to Think: Listening to Ignite the Human Mind. London: Octopus Publishing Book.

Maxwell, A. (2009). How do business coaches experience the boundary between coaching and therapy/counselling? Coaching: An International Journal of Theory, Research and Practice, 2(2), 149-162.

McKenna, D., & Davis, S.L. (2009). Hidden in plain sight: the Active Ingredients of Executive Coaching. Industrial and Organizational Psychology, 2, 244-260.

Palmer, S., & Whybrow, A. (2005). The proposal to establish a special group in coaching psychology. The Coaching Psychologist, 1, 5-12.

Palmer, S., & Whybrow, A. (2007). Handbook of Coaching Psychology. Hove, UK: Routledge.

Parsloe, E. (1995). Coaching, Mentoring and Assessing: A Practical Guide in Developing Competence. London: Nichols Publishing.

Popovic, N., & Jinks, D. (2013). Personal Consultancy. London: Routledge.

Sime, C., & Jacob, Y.U. (2018). Crossing the line? A qualitative exploration of ICF master certified coaches' perception of roles, borders and boundaries. International Coaching Psychology Review, 13(2), 46-61.

Van Nieuwerburgh, C. (2017). An Introduction to Coaching Skills: A Practical Guide (2nd edition). London: Sage.

Whitmore, J. (1992). Coaching for Performance. London: Nicholas Brealey.

Whitmore, J. (2017). Coaching for Performance (5th edition). London: Nicholas Brealey.

2장. 실존주의 코칭

실존주의 코칭existential coaching은 존재, 인간 그리고 다른 사람과 함께 이 세계를 산다는 것(다음 장에서 더 자세히 다룰)이 의미하는 것과 같이 존재에 대한 질문에 관심을 갖는 철학의 한 분류인 실존주의 철학에 뿌리를 둔 접근 방법이다.

이것은 철학적 견해를 실질적으로 적용함으로써 개발되었다(4장에서 더 자세히 설명). 또 철학적 컨설팅(Achenbach, 1984, 2002; Hoogendijk, 1988), 개인 실존 분석(Langle, 1993, 1999; Batthyany, 2016), 실존 상담 및 심리치료(Cooper, 2003; van Deurzen, 1999; Yalom, 1980)와 함께 기존의 성과와 행동 중심에서 벗어난 코칭 접근법, 존재의 본질과 경험에 관한 깊이 있는 대화(예: 온톨로지 코칭ontological coaching; Sieler, 2011 참조)와 같은 다양한 코칭 실행 과정의 도움을 받고 있다. 2000년대 초반부터 에미 반 드루젠Emmy van Deurzen, 모니카 하나웨이Monica Hanaway, 어네스토 스피넬리Ernesto Spinelli, 브루스 펠티어Bruce Peltier, 캐롤라인 호머Caroline Homer, 알프리드 랭글Alfried Langle, 마이크 반 오츠혼Mike van Oudtshoorn, 제이미 리드Jamie Reed 와 같은 개척자들은 실존철학과 현상학에서 가져온 원칙 그리고 코칭 실행 과정을 고객과 조직 업무에 통합하기 시작했다. 그렇지만 실존적 내용의 코칭에 관한 훈련 기회는 상당히 최근에 나타났으며[1], 현재까지 나온 완전한 책은 『Existential Perspectives on Coaching』(van Deurzen & Hanaway, 2012), 『Existential Coaching Skills: The Handbook』(Hanaway & Reed, 2014; Hanaway, 2018)과 독일어로 나온 『Existentielles Coaching』 (Langle & Burgi, 2014)이 고작이다.

실질적인 실존철학은 인간 삶의 경험에 관한 것이며, 따라서 실존주의 코치는 일반적으로 이러한 질문들을 이론적으로나 철학적으로 탐구했을 뿐만 아니라 삶이 가져오는 피할 수 없는 투쟁과 도전에 대한 자기 경험을 통해 만들었다. 실존적으로 생각하는 코치는 충만한 삶을 간절히 원하며, 인생의 많은 도전에 용기 있게 직면하는 것을 주저하지 않는다. 이러한 이해를 통해 실존주의 코치는 철학적이고 실용적인 수준에서 고객의 이야기를 통해 실존적 문제를 확인할 수 있다.

활동actions, 행동behaviours 및 동기 부여motivations의 대부분은 이러한 실존적 문제에 의해 근본적으로 영향을 받으므로, 고객에게 이를 다시 반영하여 깊은 수준에서 고객이 자기 이해를 키우며 새로운 선택 가능성을 열고, 실존과 관련하여 고객이 궁극적인 자유와 책임을 갖도록 돕는다.

실존주의 코칭은 특정한 목표라는 맥락에서 생각하고, 숙고하고, 반영하고 탐구하는 장소이다. 고객이 자기 기만 영역(맹점)을 발견하고, 더 많은 선택과 기회를 만들며, 타인과 함께 세상을 살면서 불가피하게 나타나는 실존적 불안(독어: angst)이 있지만 (실제로) 더 진실하고 완전한 삶을 살도록 도와준다.

불안의 가치를 설명하기 위해서 이것을 '인간 삶의 완전한 잠재력을 깨닫기 위한 자명종'이라고 설명한 라이전(Leijssen, 2017)을 생각해보자. 코칭에서 실존적 접근이 당신의 코칭 실행과정에 더해줄 수 있는 것은 삶의 어두운 부분(부정, 어려움과 불안을 다루는)에 대한 인정과 고객이 용기와 책임을 가지고 이러한 일에 직면할 수 있도록 도와주는 능력이다. 또한 고객이 행동할 수 있게 하고 그들이 원하는 방식으로 살 수 있는 궁극적인 자유를 선택할 수 있게 하는 것이다.

따라서 우리는 실존주의 코칭의 정의를 '전적으로 실용적인 목표를 가진 접근 방식: 사람들이 자기 삶을 더 많은 숙고와 자유, 이해와 열정으로 살도록 돕는 것'으로 정의할 수 있다(van Deurzen & Hanaway, 2012, p.xvi).

> **쉬어가기**
>
> 실존주의 코칭과 관련하여 '존재'라는 단어를 생각할 때, 무엇이 떠오르는가?

실존주의 개요

실존주의는 인본주의 산하에 있는 철학의 한 분야이다. 이것은 존재being의 의미가 무엇이고 존재(또는 그곳에 존재하는being there, 독어: dasein)를 어떻게 경험하는지에 관한 근본적인 질문과 관련이 있다. 따라서 이것은 인간 삶의 경험에 관한 철학이다. 우리는 '존재being'를 관찰하거나 측정할 수 없기 때문에 실존적 사상가들은 이 경험의 핵심에 다가갈 수 있는 인간 존재에 관한 근본적인 질문 지식과 통찰을 얻기 위해 철학을 사용한다.

다음과 같은 사고 실험을 생각해보자. 이 세상에서 우리를 정의하는 모든 것(직업, 지인, 피부색, 개인적 특성, 단순히 존재와 관련 없는 모든 것)을 벗어버릴 때, 우리는 그것이 의미하는 바와 단순히 존재한다는 것(무언가로 존재한다는 것과 비교하여)을 어떻게 느끼는지에 대한 생각을 해볼 수 있다. 우리가 생각하는 모든 것, 우리가 가진 모든 것, 우리가 물려 받거나 개발한 모든 특징, 우리가 하는 활동들, 배운 기술들, 심지어 우리가 말하는 언어와 우리의 정체성을 구성하는 것까지 모두 벗겨내면 우리는 존재의 순수한 뼈대bare backbone(가장 근원)에 도달하게 된다.

> ### 쉬어가기
>
> 위에서 묘사한 감정에 더 가깝게 다가가기 위해, "나는 …." 문장을 되도록 많이 완성하라. 다음과 같이 작성해볼 수 있다. "나는 지적이다.", "나는 피곤하다", "나는 스코틀랜드인이다.", "나는 엄마이다.", "나는 재미있다."[2] 이후 점차 이러한 속성, 사물, 관계 또는 위에서 언급한 어떤 것이든 제거한 자신을 상상해보라. 이러한 것들을 하나씩 하나씩 벗겨내는 상상의 여행을 떠나라. 이러한 라벨을 잃어버리기 시작할 때의 느낌이 어떠한가?[3] 이것은 우리가 흔히 자신을 정의하고 세상에 드러내는 방법을 제한하도록 허락하는 라벨을 버리도록 초대하는 탈동일시|disidentification 과정이다.

존재에 대한 철학적 연구는 존재론ontology으로 불리며, 이러한 것은 현실의 본질, 존재, 무엇이 되는 것, 세계와의 관계에 관한 질문에 관심을 갖는다. 철학은 측정되지도, 관찰되지도 않는 것에 대한 지식을 창조하기 위한 탐구 방법이다. 철학자는 형이상학적인 것에 대한 결론에 도달하기 위해 논리와 이성을 사용한다. 따라서 과학이나 사람들이 당황해하는 상식에 대한 소중한 통찰력을 얻는 데 기여할 수 있다.

실존주의 사상가들은 철학을 통해 우리 존재에 대해서 근본적으로 단지 두 가지 사실만 알 수 있다는 결론을 내

렸다: 우리(존재하지 않음non-being과 대비하여 – 살아 있고 존재하는)와 이 세상에 존재하는 다른 사람. 다시 말해 존재는 육체와 분리될 수 없으며, 타인과 무관한 경험이 될 수 없다. 다른 사람과 살아가는 것은, 우리가 바꿀 수 없는, 우리 존재에게 이미 정해진 것이다.

우리가 살아 있다면 다른 사람과 이 세상에 함께 존재하는 것을 피할 수 없다. 그들이 보이지 않거나 지금 주위에 없을지라도 다른 사람과 함께 태어났고, 어떤 형태로든 다른 사람들과 관련되는 것을 피할 수 없다. 또 하이데거가 '던져짐throwness'을 말한 것처럼, 우리는 언제 어디에서 태어날지 선택하지 못하고 세상에 '던져진thrown' 존재이다.

소여(주어진 것givens)는 피할 수 없는 인간 존재의 현실과 관련이 있다. 이 책을 읽어가는 과정에서 주로 시간성(시간 내의 존재), 필멸(죽음), 불확실성, 의미 결정, 고립, 자유/선택/책임 및 진정성과 같은 실존주의 코칭과 관련하여 피할 수 없는 많은 소여가 있다. 이들은 흔히 통칭하여 '인간조건human condition'으로 불리며, 이는 우리가 단순히 살아 있고 다른 사람들과 함께 또는 다른 사람들과 연결되어 세상에 존재하는 결과이다.

> ### 쉬어가기
>
> 잠시 시간을 내어 당신의 존재와 인간조건human condition에 관하여 생각해보라. 인간 존재로서 피할 수 없었던 부분에 대한 경험은 무엇인가? 그 가운데 소여는 무엇이며, 어떻게 나타났는가? 당신을 위해 세상에 존재하는 것은 어떤 것들인가? 우리가 살아 있고 또 다른 사람들과 함께 살면서 바꿀 수 없는 것은 무엇인가? 되도록 많이 적어보라.

인간조건과 인간 존재에 대한 소여의 결과에 따라 실존주의 철학자들은 우리 모두가 이른바 실존적 불안, 즉 타인과 함께 이 세상에 살아 있는 결과라는 점에서 정상적인 불안을 넘어서는 불안의 형태를 경험하고, 적어도 우리가 의식적으로 진정성 있게 살지 않으면 그 경험은 사라지지 않는다고 결론지었다. 사실 이런 불안감 없이도 살 수 있는 방법 - 적어도 일시적으로 우리 자신을 속이고, 우리 존재의 일부 현실에 눈을 감음으로써(예를 들면, 내일 죽을지도 모른다는 것) 이 불안을 부정할 수 있기 때문에 나는 이 마지막 부분을 추가하였다.

그러나 우리가 완전한 삶을 살려면, 실존주의자는 우리가 불편한 실존주의적 대상을 마주할 필요가 있고 그에 따른 많은 도전과 불안이 있지만 세계와 용기 있게 교류해야 한다고 주장한다. 그에 따른 보상으로 우리는 인생을 흥미진진하게 또한 정말로 살 가치가 있게 만들기 위해 인생의 도전과 불확실성을 포용하면서 눈을 뜨고 용기 있게 살게 된다. 우리는 각각의 실존적 주제에 대해 더 자세히 이야기할 때 이것을 더 깊이 있게 탐구할 것이다.

이러한 방법으로 인간조건human condition에 대해 처음 언급한 사람은 덴마크 철학자 쇠렌 키르케고르SØren Kierkegaard이다. 또 다른 주요 사상가로는 독일의 프리드리히 니체, 마르틴 하이데거와 독일의 마르틴 부버, 프랑스의 장 폴 사르트르, 시몬 드 보봐르, 모리스 메를로퐁티와 알베르 카뮈 그리고 미국의 롤로메이, 어빈 얄롬과 폴 틸리히 등이 있다. 주요 실존주의 사상가 대부분은 유럽 출신이며, 이는 사람들이 사고와 철학에 더 많은 시간을 가질 수 있는 상대적 풍요에 기인한다.

프랙티셔너뿐만 아니라 실존 사상가에 대한 개요는 [표 2.1]과 [표 2.2]에서 찾을 수 있다(영국의 실존 심리치료사 및 코치 에미 반 뒤르첸의 설명). 실존주의 철학과 실행에 몰입하고 싶다면 이 저자들을 더 깊이 들여다보는 것이 좋다.

[표 2.1] 실존주의 철학자

자유의 철학자	현상학자	실존주의자	후기 구조주의자	실존적 인본주의자
쇠렌 키르케고르 1813~1855	프란츠 브렌타노 1838~1917	장 폴 사르트르 1905~1980	미셸 푸코 1926~1984	마르틴 부버 1878~1965
프리드리히 니체 1844~1900	에드문트 후설 1859~1938	모리스 메를로퐁티 1908~1961	에마뉘엘 레비나스 1905~1995	폴 틸리히 1886~1965
아르투어 쇼펜하우어 1788~1860	카를 야스퍼스 1883~1969	시몬 드 보봐르 1908~1986	폴 리쾨르 1913~2005	롤로 메이 1909~1994
표도르 도스토옙스키 1821~1881	마르틴 하이데거 1889~1976	가브리엘 마르셀 1889~1973	자크마리에밀 라캉 1901~1981	한나 아렌트 1906~1975
칼 마르크스 1818~1883	막스 셸러 1874~1928	알베르 카뮈 1913~1960	자크 데리다 1930~2004	에이브러햄 매슬로 1908~1970

출처: 반 드루젠(2015)

[표 2.2] 실존주의 프랙티셔너들

초기 정신의학자	인본주의 심리학자	영국 대체의학	최근 미국	최근 영국
루트비히 빈스방거 1881~1966	폴 틸리히 1886~1965	조지 켈리 1905~1967	제임스 부겐탈 1915~2008	한스 콘 1916~2004
카를 야스퍼스 1883~1969	칼 로저스 1902~1987	아론 에스터슨 1923~1999	토마스 사스 1920~	프레디 스트래서 1924~2008
외젠 민코프스키 1885~1972	롤로 메이 1909~1994	로널드 랭 1927~1989	어빈 얄롬 1931~	어네스토 스피넬리 1949~
메다르 보스 1904~1990	빅터 프랭클 1905~1997	데이빗 쿠퍼 1931~1986	커크 슈나이더 1956~	에미 반 드루젠 1951~

출처: 반 드루젠(2015)

실존주의 철학을 알아가고 파악하는 데는 시간이 걸리지만, 이러한 아이디어를 더 많이 읽고, 성찰하고, 자기 인생 경험과 연결할수록 더 많은 것을 얻게 될 것이다.

실존적 사고의 주요 견해 가운데 하나는 존재의 경험과 관련한 (모든 것에 앞서며 객관적인) 유일한 진리는 없다는 것이다. 우리가 경험하는 것은 주관적이며 모든 인간은 자신만의 세계관(의미, 가치, 신념)을 구성할 것이다. 그 결과 우리는 저마다 모두 독특하며, 그로 인해 근본적으로 서로 갈등을 빚는다. 또한 살아가면서 필연적으로 우리가 직면하게 될 여러 가지 다른 양극성, 내적 갈등과 모순이 있다. 실존주의 프랙티셔너들은 우리가 이런 것들을 수용하고 삶과 함께 하는 것에 대한 배움을 확장함으로써만 완전한 삶을 살 수 있다고 주장한다(우리에게 주어지는 모든 영역을 경험한다는 의미).

이 시대의 문제는 많은 사람이 실제로 의미하는 것에서 점점 멀어진다는 것이다(독어: entfremdet, 소외감을 느끼게 함). 기술과 소비주의는 우리가 지속해서 편안히 사는 것이 가능하다고 믿게 만들었다. 따라서 우리가 일단 경계 상황 boundary situation(실존적 소여와 딜레마

중 하나와의 대립)을 접하고 실존적 불안을 경험하게 되면, 우리는 그것을 배우고, 탐구하고 살아가는 기회나 삶을 더 잘 이해하고 성장하는 기회로 활용하기보다, 이 느낌을 멀리하려고 노력한다. 용기 있고 굳은 의지로(독어: entschlossenheit, 'de-closed-ness'으로 번역됨) 사는 대신 우리는 편안함과 자유로움(독어: gelassenheit, 평온)을 갈구한다.

실존 사상에 따르면, 우리가 산만하고 바쁘거나, 단순히 생각할 겨를없이 무엇에 대해 주의를 빼앗기게 될 때를 제외하고는 걱정 없이, 편안하고 행복하게 일정 기간 사는 것은 불가능하다. 그러나 이 상태는 계속될 수 없으며 곧 우리의 인간조건과 마주하게 될 것이다. 실존적 '해결'은 우리 삶에서 레몬 - 맛이 쓰지만 삶을 흥미롭고 가치 있게 해주는 - 을 받아들이는 법을 배우는 것이다. 예를 들면, 슬픔의 경험이 없다면, 우리는 행복해지는 것이 어떤 것인지 알 수 없을 것이다. 인간은 즐거움뿐만 아니라 불편함(난데없는 큰 소음이나 자녀를 잃어버리는 것과 같은 것을 제외하고)까지 거의 모든 상황에 적응할 수 있다. 따라서 우리가 늘 행복하다면 우리는 정상적인 존재 상태에서 행복을 경험하게 되고, 따라서 행복을 느끼기 위해서는 더 높은 수준의 행복을 경험해야 할 것이고, 반면에 적은 양의 행복을 느끼는 것은 새로운 '슬픔'으로 인식될 것이다. 우리가 익숙하게 살아가는 것과 비교하여 시대가 도전적일 때는 축복이고, 안정적인 때는 저주인 시대에 살고 있으며, 따라서 변화를 갈망하는 우리는 풍요의 시기에 오히려 고통받는 경향이 있다.

실존철학은 삶을 완전하게 사는 것을 목표로 하는 사람들에게, 인간 존재에서 바라는 긍정적인 것과 피하고자 하는 부정적인 것(일반적으로 오해되는)을 모두 포용할 준비를 하는 데 많은 것을 제공한다. 실존주의의 관점은 인간 경험의 전체 스펙트럼이 소중하고, 가치와 의미가 있으며, 실존적 소여가 없다면, 삶은 정말로 따분하고, 지루하고, 예측 가능할 것이라는 것이다.

> **쉬어가기**
>
> 자기 인생에 대하여 생각해보라. 상처받거나 슬퍼하거나 실망하는 등 꾸준히 피하려고 노력해온 것이 있는가? 어느 정도까지 성공했는가? 어떤 것이 맞서서 싸울 가치가 있고 어떤 것이 더 잘 받아들여질 것인가?

실존주의 코칭은 다른 코칭 접근법과 어떻게 다른가?

앞에서 이야기한 것처럼 실존주의 코치들은 삶에 대한 큰 질문에 관심을 두고 영감을 받는다. 그러다 보니 실존주의 코칭은 자연스럽게 다른 코칭 접근 방식보다 좀 더 상담에 가까우며, (경계를 넘지 않는다면) 때로는 치료에 가까울 수 있다. 이것은 당신이 (아직도 두 직업의 프랙티셔너들 사이에서 논란의 여지가 있는) 경계를 어떻게 명확하게 정의하느냐에 달려있다. 더 자세한 논의는 포포비치Popovic와 징크스Jinks(2013) 또는 제이콥Jacob(2013)을 보라.

중요한 질문들

- 어떻게 살아야 하는가?
- 어디로 가고 싶은가? 내 삶과 함께 하고 싶은 일은 무엇인가?
- 나는 누구인가?
- 존재(살아있음)가 의미하는 것은 무엇인가?
- 나는 이 세상에 왜 존재하는가? 내 존재의 의미/가치/

목적은 무엇인가?
- 내가 바꿀 수 있는 것은 무엇이고 바꿀 수 없는 것은 무엇인가?
- 나는 어떻게 해야 행복할 수 있는가?
- 어떻게 해야 나는 올바른 선택을 할 수 있는가?
- 나 스스로에게 기대하는 것은 무엇인가?
- 내 인생에서 해야만 하는 것은 무엇인가?
- 나는 어디에 속해 있는가?
- 다른 사람과의 관계에서 나는 어떻게 존재하고 활동해야 하는가?
- 이 세상은 공정한가? 고통과 괴로움을 어떻게 알 수 있는가?
- 더 나은 것을 위해 변화를 만들 수 있는가? 그리고 어디까지 가능한가?
- 인생을 이해하고 파악할 수 있는가?
- 내 문제를 극복하는 방법을 찾을 수 있는가?
- 이 정도의 고통이 필요한 것인가?
- 가치있는 삶을 어떻게 살 수 있는가?

> **쉬어가기**
>
> 위 질문들을 충분히 숙고하라. 당신에게 중요한 질문에는 어떤 것들이 있는가?

고객들은 흔히 코칭 시작 시점에 이런 큰 질문들을 드러내지 않을 것이라는 점을 유념해야 한다. 그러나 고객이 중요한 이슈나 도전해야 할 일이 있을 때, 적어도 어느 정도는 이러한 큰 질문들 가운데 일부가 그들의 사고, 감정, 행동에 깊게 영향을 미칠 가능성이 있다.

예를 들면, 고객은 시간관리 문제로 접근하며, 더 활기차게 느끼기 위해 더 많은 운동을 원할 수 있다. 코칭 과정에서 고객은, 이 목표에 도달하는 길에 있는 주요 장애물이 의미 없는 일을 하는 것이며, 매일 에너지의 대부분을 소모하는 일들이라고 확인한다. 또 그들은 최근의 사건으로 인한 경력 변화에 대하여 스스로 고민한다는 것을 알게 된다. 이 생각은 그들의 마음에 자리하여 집중해서 일할 수 없게 한다. 이 시점에서 고객은 이러한 이해를 바탕으로, 행동을 변화하기 위해(더 많은 운동과 더 생산적으로 일하는) 계속 행동적 접근behavioural approach을 하려고 하는지 아니면 문제의 근본 원인(직업을 바꾸는 계획)을 다루기 원하는지 결정해야 한다. 실존적인 관점lens을 통해 알게 되는 탐색은 고객에게 귀중한 가능성들을 열어준다.

> **쉬어가기**
>
> 실존주의 코칭 접근법이 지금 당신의 코칭 접근법과 어떻게 다른가? 실존적 철학의 이해가 당신의 실행 방법에 무엇을 더해줄 수 있는가?

흔히 중요한 결정의 핵심에는 실존적 관심이 있다. 이러한 관심을 의식으로 가져오거나, 적어도 고객이 이 세계에 존재하는 온전한 사람whole person이라는 이해를 열어주는 고객의 세계관에 대한 감각을 갖는 것이 유용할 수 있다.

이것은 또한 실존적으로 실행하는 코치들에게 윤리가 특별히 중요하다는 것을 의미한다. 우리가 코칭 과정의 맥락에서 고객과 어느 정도까지 일할 수 있는지 그리고 때로는 고객이 치료사를 언제 만나는 것이 더 좋을지에 대해 자신과 협상할 필요가 있기 때문이다. 나는 모든 프랙티셔너가 이 질문을 간직하고 코칭에 대한 이해에서 이 경계가 어디쯤 있을지에 대해 탐색할 것을 권장한다.

> **쉬어가기**
>
> 고객이 코칭 공간에 큰 질문big question 가운데 하나를 가져오고, 목표의 장애물로써 삶에서 의미를 찾아 분투하는 것을 확인한 순간을 가정하라. 당신은 어느 정도까지 그 고객과 함께 일할 수 있다고 생각하는가? 그리고 이 고객을 치료사에게 소개하는 것이 모든 관계자에게 가장 좋은 때는 어떤 시점인가? 이전의 훈련과정, 고객과 맺은 계약, 당신의 코칭 방법을 어떻게 소개하였는지, 당신이 속해 있는 전문기관의 윤리강령, 법률 그리고 당신의 편안한 공간에 관하여 생각해보라.

실존주의 코치들은 깊은 감정적인 주제, 도전적인 경험, 그리고 잠재적으로 화가 날 수 있는 것들에 대해 이야기하는 데 더 개방적일 것이다. 고객이 삶의 딜레마와 거기에서 오는 피할 수 없는 도전, 그래서 그들이 용기 있게 살 능력을 개발할 수 있는 눈을 뜨도록 돕는 것은 위태로운 여정이 될 수 있다. 고객을 안전하게 보호하고, 고객이 여러분과 함께 작업할지에 대해 정보에 근거한 결정informed decision

을 내릴 수 있도록 모든 조치를 하는 것이 가장 중요하다.

또 다른 차이점은 많은 코칭 접근이 단지 긍정적인 측면 - 강점과 특정 주제, 즉 시간관리, 마음챙김mindfulness, 관계, 성과 향상, 또는 습관 변경 등에 초점을 맞춘다면, 실존적 접근은 고객을 전인적으로 파악하고, 그들 자신과 세계관을 더 잘 이해하도록 도우려고 노력하며, 그래서 고객이 어려운 결정을 내릴 수 있는 견고한 기반을 쌓게 한다.

고객은 삶의 긍정적인 것과 부정적인 것을 모두 수용하는 법을 배울 것이며, 코칭 과정에서 존재의 소여를 수용하는 법을 배울 것이다. 그 결과, 그들은 일상 생활에서 더 많이 자각하게 되고, 오늘날과 같은 시대에 사는 동안 피할 수 없는 투쟁struggles을 더 잘 받아들일 수 있게 될 것이다.

더 보편적인 코칭 접근법과 실존주의 코칭의 주요 차이점은 철학적 뿌리와 코칭 맥락에서 존재의 큰 질문을 탐구하는 것에 대한 개방성이다. 또 다른 중요한 요소는 실존주의는 통일된 학교가 없다는 사실이다. 실존적 사고는 사람들이 도그마에 도전하고, 자신의 지식과 세계관을 탐구하며 건설하도록 장려하기 때문에, 이 분야에서 인정받는 사상적 지도자는 없다. 각각의 실존적 사상가들은 그들 자신의 주관적 경험과 배움에 기초하여 자신의 프레임을 구축함에 따라 실존주의 사상에 대한 그들 자신의 개별적 세계관과 이해를 형성한다. 우리 모두가 공통적으로 가진 것은 근본적인 차원에서 실존적 소여를 인정하는 것이다.

> **쉬어가기**
>
> 세션을 시작할 때 계약 초기 단계에서 실존주의 코칭 또는 코칭 작업 중 실존주의 요소가 포함되어 있다는 사실을 어떻게 설명하겠는가?

누가, 언제, 왜 사용하는가?

여기서는 실존주의 코치(코칭 맥락에서 실존적 삶의 문제들, 큰 질문들 그리고 개인적 딜레마 등에 관해 열린 토의를 하는 데 전문화된 코치)와 코칭 수행방법이 실존철학에 기반을 두지만 특별히 실존적 이슈를 다루는 것을 선택하지 않는 코치를 구별하고자 한다. 이 세상에 살아 있다는 것의 의미를 코치가 이해하는 것이 유용하며, 고객의 주어진 상황이 (고객의 목표와 관련하여 성장하는 데 장애물로 작용할 수 있다고 주어진) 근본적인 실존적 관심으로 이어질 수 있는 모든 연관 관계를 확인하는 것은 매우 가치가 있다.

어느 순간 실존적 질문, 관심, 불안과 마주하게 되면서 실존주의 코칭의 혜택을 받을 것 같은 그룹의 사람들도 다른 사람들과 함께 살아가는 보통 사람들이다. 그래서 실존주의 코칭은 이러한 문제들을 용기 있게 탐구하고, 아주 개인적인 것일 수도 있는 것들에 관해 이야기하는 것을 두려워하지 않는 모든 사람에게 가치가 있다.

우리의 감정, 행동, 생각(특히 무엇에 도전하는)의 많은 것은 비록 코칭 공간에 그것들을 공개적으로 가져오지 않을지라도 우리의 실존적 관심과 관련이 있다. 예를 들어, 고객은 미루기와 동기 유발에 관하여 이야기할 수 있고, 코칭 과정에서 코치는 이것과 연결된 근본적인 문제를 확인할 수 있다.

많은 사람이 여전히 치료는 정신적으로 아픈 사람을 위한 것이고, 사람들은 스스로 건강하다고 느끼며, 명료하게 생각할 수 있고, 일상생활에 적절하게 대처할 수 있다고 생각하기 때문에, 고객들은 위기 상황에서 치료나 상담의 대안으로 코치에게 다가올 수도 있다. 이와 같이 그들은 전통적인 '대화를 통한 도움helping-by-talking' 접근 방식에 따라붙는 낙인을 피하고 싶어 한다. 내 실존적인 코칭 훈련에서 우리는 이 현상을 '뒷문을 통한 치료therapy through the back door'라고 불렀다(Jacob, 2011).

실존주의 코칭은 또한 미래의 도전에 대한 회복력으로써 방어력을 구축하는 데 사용될 수 있다. 고객은 (치료 또는 완화할 수 있는 정상적인 종류의 불안과 비교하여) 실존적 불안을 수용하는 것을 배울 수 있다. 코칭 프로세스는 고객이 변화할 수 있는 것과 소여로써 수용해야 하는 것(변경할 수 없는 것)을 이해하는 데 도움이 될 것이며, 이에 따라 가장 중요한 것은 그들의 목표와 열망과 관련한 두 가지 사이의 차이를 어떻게 구분할 것인가이다.

고객들은 또한 단순히 인생을 좀 더 숙고하고, 성찰하고, 생각하고, 이해할 수 있는 장소, 즉 치료라는 낙인에서 벗어나고, 무엇을 해야 할지, 어떻게 살아야 하는지를 듣지 않아도 되는 장소에 대한 갈망이 있을 수 있지만, 여전히 그들은 삶에 대한 자신의 가정assumptions에 대해 공개적이고 신중하게 도전받는다. 이를 통해 자신을 더 잘 알 수 있고, 개인 특성의 기반foundation of character을 강화하게 되면 진정한 자아감을 가지고 미래에 어려운 결정을 내릴 수 있다.

> **쉬어가기**
>
> 당신이 함께 일하고 싶은 고객의 종류와 그들이 일하고 싶은 목표에 대해 생각해보라. 실존적 코칭 접근법이 어떤 방식으로 가치를 더할 수 있는가?

당신의 고객은 누구인가?

당신이 실존주의 코칭 프레임 안에서 작업할 계획을 세운다면, 잠재적 고객이 누구인지, 코칭에서 실존적 접근을 활용할 때 어떤 사람이 가장 혜택을 볼지 고려하는 것이 도움이 된다. 사람들은 당연히 빠른 해결을 바란다. 사람들은 자연스럽게 은유적이든, 말그대로 마법의 약이든 빠른 해결 방법을 원하는데, 많은 코칭 접근법이 기꺼이 그 해답을 제공하고 또 경험을 공유한다. 이것은 일대일 작업에 대한 실존적 접근법이 모든 고객이 좋아하는 선택은 아니라는 것을 의미한다. 실존주의 코칭 접근은 다음과 같은 고객들에게 가장 유효하다.

- 그들의 가정, 신념, 세계관을 탐구하고 재평가하는 과정에 기꺼이 참여하는 사람
- 자기 인식과 이해를 어떤 수준까지 개발하기를 원하는 사람
- 미지의 세계를 마주하고 탐색할 용기와 의지를 가진 사람
- 인간 본성에 대한 다음의 기본 가정을 소중히 하는 사람(van Deurzen & Adams, 2011, p.41)
  - 삶을 이해하는 것은 가능하다.
  - 그렇게 하는 것은 좋다.
  - 사람은 삶과 삶에 대한 태도에 대하여 정보에 근거한 결정을 내릴 수 있는 능력이 있다.
  - 어려운 문제는 피한다고 해결되지 않는다.
  - 인간의 본성은 기본적으로 유연하다.

- 사람은 삶에서 배울 수 있고 문제를 뛰어넘을 수 있다.

드루젠(van Deurzen, 1997)은 '만약 그들의 개인적인 세계에 대한 철학적인 탐색으로 들어갈 준비가 되어 있지 않다면, 많은 실존적 작업이 이루어질 수 있을 것 같지는 않다'라고 요약했다.

> **쉬어가기**
>
> 고객이 그들의 개인 세계에 대한 철학적 탐색에 들어갈 준비가 된 것을 어떻게 알 수 있는가? 어떻게 윤리적이고 투명한 방법으로 그들을 초대할 수 있는가? 고객들이 이러한 질문에 관심을 갖도록 도울 다른 방법이 있는가? 어떻게 하면 이러한 공간을 만들 수 있을까?

실존주의 코치의 마음가짐과 태도

실존적 관점에서의 작업은 윤리적이고 좋은 방법으로 실행하기 위한 개발이 필요하고 또 개발이 가능한 특정한 태

도와 기술을 요구한다(van Deurzen & Adams, 2011 참조). 실존적 프랙티셔너들은,

- 심리치료 측면을 포함하여 일정 수준의 훈련을 받을 것이다.
- 이슈가 드러날 때 실존적 주제를 파악할 수 있는 자각과 능력을 개발하고, 일정 수준에서 실존적 이슈를 해결하려고 노력하고 또한 그렇게 할 것이다.
- 고객을 근본적으로 동등하게 생각하고, 자신의 역할은 전문가가 아닌 여행 동반자의 역할이라고 생각한다.
- 자신의 가정과 신념을 소중히 여기지만, 고객의 경험에 대해 현상학적으로 탐색하는 동안 기꺼이 판단을 중지 bracketing할 수 있다.
- 고객의 주제와 관련이 있을 때 의심, 호기심 또는 의견에 대해 공개적이고 직접적으로 도전하거나 말하는 것을 피하지 않는다.
- 자신의 삶을 이해하려는 의지와 동기를 부여하고, 가정과 신념 및 과거의 경험을 끊임없이 인식하고 평가하고 재평가하며 학습, 성장 및 변화에 대한 능력을 소중히 하고 활용한다. 그들 자신의 세계관이 기껏해야

일시적으로 논리적이며, 따라서 삶의 모순과 어려움에 대한 끊임없는 탐구에 도전하고 참여할 수 있다고 받아들인다.

나는 내 가치 체계가 아주 명확해지고, 내 삶이 매우 깔끔하게 정리되고, 내 견해가 확실하게 안전해지고, 내 존재를 스스로 실존적이라고 믿을 때 나 자신을 인식한다. 그래서 이때가 이런 방식의 작업으로 처음 이끌게 한 것을 다시 발견해야 하는 곳에서 나를 인생의 심연 속으로 떨어지게 하는 시간이다. 무엇이 [프랙티셔너]를 실존적이게 하는가에 대해 너무 명확하고, 너무 확실한 소리를 하는 사람들, 또는 실존주의가 옳다고 너무 확신하는 사람들은 분명히 생사의 문제를 결정하는 힘에서 멀어져 있다(van Deurzen, 1997, pp.200-201).

당신은 실존적으로 작업하는 것과 함께 모든 고객이나 실제 코치에게 적합하지 않을 수 있는 실존적 작업의 마무리를 앉아서 수용하는 것을 볼 수 있다. 이것은 세계와 사람들에 대하여 일련의 가정에 대한 믿음이 필요하며, 다른 많은 코칭 접근법보다 더 높은 수준의 용기와 도전적인 대화와 탐색에 참여하려는 의지가 필요하다. 만약 당신이 실존주의 코치가 되려고 한다면, 코칭에 대한 당신의 신념,

폭넓은 세계관, 그리고 그 정도의 깊이와 복잡함에서 실행할 수 있는 능력과 의지에 대해 신중히 돌아보는 것이 중요하다. 만약 당신이 실존주의 사상을 활용하여 기존의 코칭 실행방법을 알리려고 노력하는 것이라면, 위와 같은 것은 다소 가볍게 생각할 수 있다.

Notes

1. iCoaching Academy는 2000년대 초반부터 실존주의 기반의 코칭 훈련 과정을 시작했다. 최초의 마스터스 프로그램 MA Existential Coaching은 2010년 런던에서 만들어졌다. 추가적인 실존주의 코칭 훈련 기회는 이 책의 마지막 부분에 참고문헌과 출처에 열거되어 있다.
2. 최근 워크숍에서 참석자들은 유머감각("I am funny.")을 없애려고 애썼다. 사람들이 유머 감각을 얻지 못하는 다른 문화로 옮겨 가면서 점차 자신에 대한 재미를 멈추는 것을 상상해보라.
3. 만약 당신이 '나는 살아있다I am alive'라고 적으면, 당신은 정신적으로 떼어내기 매우 어려운 속성 하나를 발견하게 된다. 그것은 또한 우리가 살아있지 않다면, (적어도 존재론적 관점 형태로) 존재하지 않으며, 따라서 단순히 존재가 어떤 느낌일지 경험하는 것에 더 가까이 다가갈 수 없을 것이기 때문에 연습의 요점에서 벗어난다.

참고문헌

Achenbach, G.B. (1984). *Philosophische Praxis*. Köln: Verlag für Philosophie Jürgen Dinter.

Achenbach, G.B. (2002). Philosophical Practice opens up the trace to Lebenskönnerschaft. In H. Herrestad, A. Holt and H. Svare (eds), *Philosophy in Society*. Oslo: Unipub Forlag.

Batthyany, A. (2016). *Logotherapy and Existential Analysis: Proceedings of the Viktor Frankl Institute Vienna*. Cham, Switzerland: Springer.

Cooper, M. (2003). *Existential Therapies*. Thousand Oaks, CA: Sage.

Hanaway, M. (2018). *Existential Coaching Skills: The Handbook* (2nd edition). Guernsey: Corporate Harmony.

Hanaway, M., & Reed, J. (2014). *Existential Coaching Skills: the Handbook*. Corporate Harmony.

Hoogendijk, A. (1988). *Spreekuur by een filosoof*. Utrecht: Veers.

Jacob, Y.U. (2011). Therapy through the back-door: the call for integrative approaches to one-to-one talking practices and existential coaching as a possible framework. Unpublished manuscript. Retrieved from www.coachingandmediation.net/downl oads/01%20-%20Research%20&%20Publications/2011-Jacob-Therapy_Through_the_Back_Door.pdf

Jacob, Y.U. (2013). Exploring boundaries of existential coaching. Master's thesis. Retrieved from www.academia.edu/8376861/Exploring_Boundaries_of_Existential_Coaching

Längle, A. (1993). A practical application of Personal Existential Analysis (PEA) - a therapeutic conversation for finding oneself. Retrieved from http://www.scribd.com/document/367937679/A-practical-application-of-Personal-Existential-Analysis-pdf

Längle, A. (1999). The Process of Diagnosis in Existential Analysis. In H. Bartuska, M. Buchsbaumer, G. Mehta, G. Pawlowsky & S. Wiesnagrotzki (eds), *Psychotherapeutic Diagnosis. Guidelines for the New Standard* (pp. 83-90). New York: Springer.

Längle, A., & Bürgi, D. (2014). *Existentielles Coaching: Theoretische Orientierung, Grundlagen und Praxis für Coaching. Organisationsberatung und Supervision*. Vienna: Facultas Universitasverlag.

Leijssen, M. (2014). Existential wellbeing counselling. In G. Madison (ed.), *Emerging Practice in Focusing-Oriented Psychotherapy. Innovative Theory, Applications and Practice* (pp. 142-157). London: Jessica Kingsley Publishers.

Popovic, N., & Jinks, D. (2013). *Personal Consultancy*. London: Routledge.
Sieler, A. (2011). Ontological coaching. In E. Cox, T. Bachkirova & D. Clutterbuck (eds), *The Complete Handbook of Coaching* (pp. 107-119). London: Sage.
van Deurzen, E. (1997). *Everyday Mysteries*. London: Routledge.
van Deurzen, E. (1999). Existentialism and existential psychotherapy. In C. Mace (ed.), *Heart and Soul: The Therapeutic Face of Philosophy* (pp. 216-235). Florence, KY: Taylor & Frances/Routledge.
van Deurzen, E., & Adams, M. (2011). *Skills in Existential Counselling and Psychotherapy*. London: Sage.
van Deurzen, E., & Hanaway, M. (2012). *Existential Perspectives on Coaching*. Basingtoke, UK: Palgrave Macmillan.
Yalom, I.D. (1980). *Existential Psychotherapy*. New York: Basic Books.

3장. 실존주의

인간조건과 행복 추구

앞서 우리는 존재의 소여와 인간조건을 소개했다. 존재에 대한 이러한 수준의 접근은, 모든 사람이 공통으로 가진 근원적인 것을 이해하는 데 도움이 된다. 모든 위대한 실존주의 사상가(그리고 흔히 행동가들)가 전체 주제에 동의하는 것은 아니지만, 인간 존재가 되는 것being human이 불안 경험을 포함한다는 데에는 모두 동의한다. 이것은 피할 수 없다. 우리는 불안에서 자유로울 수 없다. 그러나 많은 사람이 삶에서 현실적으로 기대할 수 있는 것 이상의 안락함과 행복을 찾는다.

제품 광고뿐만 아니라 사람들이 자신을 광고하면서(직업

을 위해서 또는 페이스북, 링크드인 등과 같은 플랫폼에서) 흔히 도달하지 못할 이상적인 인간(니체의 '초인' 또는 수퍼맨)을 묘사한다. 그러나 실존주의자, 코치, 심리학자, 치료사, 그리고 다른 인간과 개방적이며 정직하고 직접적인 심리적 접촉을 해온 사람들은 대부분 모든 인간이 그들의 삶 내내 불안과 내면 갈등을 경험한다고 확인해 줄 것이다. 많든 적든, 오랫동안 '불안' 없이 살 수 있는 사람은 없다. 만약 누군가가 당신에게 자신은 모든 불안에서 해방되었다고 말한다면, 그들은 거짓말을 하고 있거나 성공적으로 자신을 속이고 있거나(불안감에 대한 기억을 억누름으로써), 또는 그들의 감정에 적응하지 못하도록 잠시도 자신을 가만히 두지 못하고, 끊임없이 자신을 몰두하게 하고, 바쁘게 하고, 산만하게 하는 것이다(따라서 소진 burn-out[1]을 향해 확실히 나아간다). 그렇지 않다면 그들의 뇌에 화학적으로 심각한 문제가 있는 것이다. 다시 말하지만, 실존적 불안(존재의 소여와 대립 의식에서 비롯됨 - 불가피함)과 대중 연설하기 전의 불안(준비, 경험, 마음가짐의 변화 또는 다른 기법 등을 통해 완화하거나 제거할 수 있는)과 같은 형태의 불안과의 차이를 강조하는 것은 중요하다.

함께 앉아서 불안과 같은 불편한 감정을 탐구하는 것은 큰 가치가 있을 수 있지만(우리의 감정이 배울 수 있는 좋은 기회이며, 때때로 매우 중요해서 우리에게 무엇인가를 느끼게 하는 삶의 단면을 찾아내는 나침반 역할을 한다), 많은 사람이 이러한 '부정적' 느낌을 줄이거나 아예 피하려고 하는 것은 놀라운 일이 아니다. 고통과 괴로움을 피하고 행복을 향해 성장하는 것은 인간의 본능이다. 그리고 이 과정은 흔히 우리의 무의식적인 수준에서 빠르게 진행된다. 자신의 내적 활동을 의식적으로 자각하면서, 그리고 가능한 자신의 삶을 완전하게 자각하며 살아가려는 실존주의자들은 이러한 불편한 감정을 외면하지 않고, 이러한 것들이 중요한 교사이며 인간의 경험을 완성하고, 열린 시각으로 인생을 살아갈 수 있도록 하는 것임을 알기에 불편한 느낌에도 '불구하고'(독어: trozdem) 삶과 함께 앞으로 나아간다.

잡담, 나쁜 믿음 그리고 실존 회복성

사람들은 실존 영역과 접촉하는 것을 피하는 경향이 있

다. 하이데거(1962)는 '잡담idle talk'(독어: gerede)을 언어처럼 사용하며, 세상 경험과 관련한 진실한 의미나 가치는 그다지 언급하지 않는 사람들과 대화하는 것으로 개념화하였다. 우리는 인간조건human condition에 대한 생각에서 우리 마음이 벗어나기 위해 잡담한다. 마찬가지로 사르트르(1958)는 나쁜 믿음bad faith(프랑스어: mauvais foi)을 만드는 현상에 관해 이야기했는데, 이것은 자신의 선택에 관한 자유를 부정하는 무의식적인 과정으로 보았다(이는 기분을 좋게 하는 부작용으로, 삶의 상황에 대한 책임을 거부하거나, 변화를 통해 긍정적인 삶으로 이끄는 의미가 있지만 이루기 어려운 행동을 시도하지 않도록 허용한다). 나는 자주 세상 밖에서뿐만 아니라 내 코칭 룸에서도, 사람들이 알지-못함unknown 속으로 뛰어들거나 자신을 불편하게 만드는 불확실성을 마주하는 여러 가지 행동(재미없는 따분한 일부터 삶을 바꾸는 일에 이르기까지)을 왜 시도하지 않는지 변명하는 것을 보고 듣는다. 그리고 매번 나도 그렇게 행동하는 나 자신을 발견한다. 결국 인간은 단지 고통을 피하려고 노력할 뿐이다.

많은 사람이 실존적 불안을 억누르고, 부정하거나, 술을 마시거나, 다른 방법으로 불안을 의식 밖으로 밀어내는 데에 매우 능숙해진 것처럼 보인다. 그렇지만 이것은 궁극적으로 건강한 과정이 아니며, 적어도 고객이 앞으로 더 나아가 완전한 잠재력으로 살도록 허락하지 않을 것이라는 점은 확실하다. 우리가 (예를 들면, 위기의 시기에) 집중하고 어떤 역할을 해야 할 때 이것은 일시적으로 좋은 방어기제가 될 수 있다. 그러나 억제된 불안감(의식적인 과정이든 무의식적인 과정이든)은 항상 어떤 형태로든 되돌아오고, 불안감을 피한 시간이 길수록 그것이 다시 나타날 때는 흔히 원래의 원인과 무관해 보이는 증상(의사가 물리학과 연결할 수 없는 복통이나 요통 등)으로 나타나 우리를 더 강렬하게 때린다.

그 시점에서 이러한 증상을 만든 내면의 근원적인 거미줄을 푸는 것은 쉽지 않으며, 이 단계에서 유일한 해결책은 현재 관찰된 관계의 거미줄을 심층적으로 탐색하기 위한 장기간의 심리치료일 수 있다. 실존주의 코칭은 이러한 때에 고객을 인간조건과 존재의 도전에 마주하도록 초대한다. 이것은 지속해서 용기 있는 참여를 요구하지만 궁극적으로 자신의 환경과 관련하여 더 명확한 자아상을 이끌어낼 것이며, 내가 '실존적 회복력'이라고 부르는 미래의 (심각한) 위기 상황에서 우리를 보호해줄 수 있다.

여기서 목표는 잠재적으로 임박한 죽음이나 모든 것에 대한 불확실성에 대해 자신이 늘 자각하게 하는 것은 아니다. 오히려 항상 의미 있고 깊은 대화를 시도하거나 근본적인 실존적 불안을 지속해서 이해하는 것이다. 이것은 사실 어떤 경우에는 많은 실존 사상가와 작가를 오랜 우울증이나 심지어 광기로 몰아넣은 것일지도 모른다. 이러한 실존으로의 초대는 가치관, 신념, 그리고 당신이 편안하게 살려고 자기 기준에 따라 올바른 일을 피하지는 않는지를 점검하는 것과 같은 중요한 것들, 또는 만약 당신이 편안하게 살기로 선택한다면, 그러한 선택에 따르는 부조화incongruence와 부정적 감정inauthenticity이 자라는 것을 의식적으로 인식하는 것과 관련하여, 자기 삶의 상황과 선택에 대해 더 깊은 수준에서 성찰하는 시간을 갖는 것이다(인생 철학을 순전히 쾌락주의적인 것으로 정의하고 따라서 될 수 있는 대로 즐거운 삶을 살고자 하는 사람들조차도 이것을 유지하기가 어려워지거나 그들의 존재에서 더 깊은 의미를 갈망하는 나이가 듦에 따라 고통받는다는 것을 명심하라).

쉬어가기

부정하며 사는 것은 당신의 삶에 긍정적, 부정적인 영향을 미칠 수 있다. 사실이 아닌 것으로 판명된 어떤 것을 강하게 믿었지만 그것이 어떤 면에서는 당신에게 도움이 된 상황에 대해 잠시 생각해 보라(예를 들어, 당신은 매우 강한 경쟁자와의 경쟁에서 이길 수 있다는 믿음을 가질 수 있고, 그 결과 당신은 더 열심히 훈련했으며, 그로 인해 순위에 오르지 못할 경기에서 9위까지 오르게 되었다).

그 뒤, 여러분이 편안하고 안전하게 지내기 위해 어떤 행동을 하지 않거나 활동 과정의 결과를 보려고 하지 않았기 때문에 곤경에 처하게 된 때를 생각해보라(예를 들면, 어떤 행사에서 끌리는 사람에게 말을 걸거나 투자자에게 사업 아이디어를 설명할 때).

코칭에서 이런 예를 생각해 볼 수 있는가? 당신은 고객이 그들의 선택과 다른 가능성에 대해 더 잘 알 수 있도록 어떻게 도울 수 있는가? 고객들이 그들의 선택에 대해 더 잘 알고, 그들의 변명에 도전하도록 돕기 위해 고객을 약간 불편하게 할 가치가 있는가? 어떻게 윤리적으로 이런 일을 할 수 있는가?

존재의 네 가지 차원, 삶의 모순과 실존주의의 핵심 주제

모든 인간은 물리적(독어: umwelt 또는 '환경'), 사회적(mitwelt 또는 '함께하는 세계'), 개인적(eigenwelt 또는 '자신의 세계'), 영적(überwelt 또는 '초월 세계') 수준과 같은 다양한 수준 또는 차원에서 딜레마, 역설 및 내적 갈등을 경험한다. 이러한 차원들은 빈스방거(1963), 얄롬(1980) 및 반 드루젠-스미스(1984)를 바탕으로 쿠퍼(2003)에게서 자세하게 설명되어 있으며, 반 드루젠과 하나웨이(2012)에도 매우 구체적으로 묘사되어 있다. 실존적 사상의 핵심 주제와 역설은 이 네 가지 차원에서 작용하므로 여기에서도 이것을 네 부분으로 구성하는 것이 유용하다.

물리적 차원physical demension 역주4) - 시간성과 죽음

역주4) physical dimension - 인간의 신체적 한계에 대한 내용 중심이지만 저자는 인간이 마주하게 되는 신체적인 차원 및 환경적인 차원을 포함하는 의미를 담고 있어 '물리적 차원'으로 번역함

> **쉬어가기**
>
> 바드 캐닝Bard Canning(2007)은 죽음에 대한 에세이를 다음과 같이 시작했다: '확실히 죽음은 우리 모두가 직면하는 가장 큰 위협이다. 많은 사람에게, 죽음은 이 세계에 분명히 적대적인 성향을 보여준다. 인생 레이스에서 결코 이길 수 없으며, 우리는 태생적으로 질 수밖에 없다고 믿는다.'
>
> 죽음에 대해 어떻게 생각하는가? 이 궁극적인 종말에 대한 당신의 태도는 어떠한가? 피하거나, 수용하거나, 가치를 두거나, 두려워하거나 아니면 별로 생각하지 않으려고 애쓰는가? 당신은 사후세계를 믿는가? 만약 그렇다면, 그것은 어떤 모습일 것으로 믿는가? 당신의 인생을 기억하는가? 만약 당신이 이것에 대해 얼마나 확신하는지 백분율을 매겨야 한다면, 얼마가 될 것인가?[2]

죽음에 대한 실존적 관점은 우리가 모두 죽을 것이라는 입장을 고수한다. 그것은 아마도 우리가 우주에 대해 결코 모든 것을 다 알지 못할 것이라는 사실과 함께 삶에서 유일하게 확신하는 것 가운데 하나일 것이다.[3] 문제는 (스스로 목숨을 앗아가지 않는 한) 죽음은 그냥 일어날 것이고, 우리는 언제 어떻게 죽을지 알 수 없다는 것이다. 태어난 뒤 우리의 몸은 피할 수 없는 죽음을 향해 가는 존재이다. 우리는 한 번에 한 호흡씩, 말하자면 얼마나 많은 호흡이 남았는지 알지 못하는 사이에 삶이 고갈된다. 그리고 영혼에 대한 우리의 신념이나 어떤 종류의 사후세계에 대한 믿음과는 상관없이, 우리 몸이 죽는다는 것을 알고 있고, 그것이 지금 이 시점에서 우리가 확실히 알 수 있는 전부이다.

지금 우리는 죽음이 우리를 우울하게 하고 불안하게 만들 수 있으므로 우리는 존재하는 매 순간마다 이 사실을 생각하지 않으려고 한다. 그러나 그것은 한편으로 우리에게 의미 있는 것들을 수행하고 성취할 수 있는 엄청난 에너지원을 제공한다. 매번 돌아오는 생일(일반적으로 30세, 50세 전후)은 흔히 사람들의 삶에 의미 있는 변화를 주는 시간이다. 죽음에 가까운 경험은 흔히 사람들이 그들의 가치와 신념에 따른 그들 삶의 방식을 근본적으로 바꾸게 한다. 사랑하는 사람의 질병, 사고 또는 죽음은 우리가 이 행성에서 우리의 시간을 활용하는 방법을 다시 생각하게 할 수도 있다. 삶이 어느 순간에 갑자기 끝날 수 있다는 것을 심오하게 깨달았을 때, 우리는 삶에 접근하는 방식을 변화시키는 편이다. 그러나 이러한 변화는 우리가 편안한 삶의 방법으로 다시 빠져듦에 따라 개인에 따라 다양하지만 일정 시간 동안만 유지된다.

그러나 모든 것의 종말에 대한 인식(프로이트가 무상함

transience이라고 불렸고 많은 실존주의자가 시간성temporality이라고 말하는 것으로, 당신은 그것을 엔트로피의 일시성 impermanence of entropy이라고 부를 수도 있다[4])은 당신을 무기력하게 만들고 의욕을 빼앗을 수 있다. 알고 지내며, 사랑하는 모든 것이 어쩌면 바라던 것보다 훨씬 더 빨리 그리고 어쩔 수 없이 사라질 것을 알게 될 때, 우리가 어떤 것을 구축하고, 관계를 쌓고 사업적인 프로젝트에 투자하거나, 아이를 기르는 것이 무슨 의미가 있겠는가? '사랑하고 잃기보다는 아예 사랑하지 않는 편이 더 나을까?'는 많은 사람이 종말의 고통을 피하기 위해 후자에 긍정으로 대답하는 질문이다. 당신은 차라리 살면서 고통받기보다 아예 살지 않을 것을 택하지는 않는가? 자살은 흔히 고통이 너무 커서 견딜 수 없을 것 같고, 사람이 고통 너머에 놓여 있으며 다시 찾아올 것 같은 미래의 좋은 시기에 집중하지 못하는 때, 최후의 입장에서 선택하는 결론이다. 궁극적으로 모든 것이 쇠퇴하고 끝나게 될 때 우리의 일에서 어떻게 의미를 찾을 수 있겠는가?

우리 고객들이 궁극적인 결과보다는 삶의 과정에 초점을 맞춘 사고방식을 적용하도록 돕고, 어떤 과정에서도 종말을 강력한 의미의 원천으로 받아들이도록 하는 것이 실존주의 코치가 하는 작업의 일환이다. 우리가 영원히 산다면, 하루하루의 가치는 줄어들 것이고, 따라서 그 의미도 줄어들 것이다. 일을 끝낼 수 있는 영원한 시간이 있는데 왜 오늘 무엇을 하려고 하겠는가? 아직도 앞으로 무한한 순간이 여전히 남아 있는데 왜 이 순간을 즐기는가? 남은 생애 동안 지속하는 것이라면 어떻게 한 끼 식사의 즐거움을 누릴 수 있었을까? 최고의 콘서트, 영화 또는 공연조차도 일정 시간이 지나면 그 매력을 잃는다. 종말, 그리고 궁극적인 결말로서 죽음은 세상에 대한 우리의 경험에서 매우 중요하다. 따라서 우리 고객이 시간과 시간성과의 관계를 탐구하는 것은 실존적 작업의 중요한 요소다.

쉬어가기

고객의 시간과의 관계는 코칭 현장에 가지고 오는 많은 문제와 관련될 수 있다. 예를 들어, 생일은 시간이 시시각각 흐르고 있고 그 결과 자신들이 꾸물거리거나 미친 듯이 일하고 있다는 것을 상기시키는 역할을 한다. 그로 인해 다양한 행동이 나타날 수 있다. 그런 것들을 얼마나 파악할 수 있는가? 시간에 관한 당신 자신과의 관계는 무엇이며, 당신 자신에게서 알아차린 것은 어떤 행동인가?

사회적 차원 – 고립isolation과 '타인the other'

우리는 사회적 동물이다. 인간은 선천적으로 타인과의 관계를 필요로 한다. 우리는 항상 다른 사람과 연관되어 존재한다. 우리는 자연스럽게 자신을 다른 사람들과 비교한다. (우리의 기준에 따라) 남보다 나을 때 기분이 좋다. 그렇지만 다른 사람들은 우리에게 무엇이 부족한지 일깨워준다. 우리는 될 수 있으면 어딘가에 속해 있고, 비슷해지기를 원하며(충돌하지 않는), 동시에 개인적으로 독특하고 남들과 달라지기를 원한다(이것은 논쟁이나 물리적 대립의 형태는 아닐지라도 가치관, 신념, 의견 또는 세계관의 차이로 갈등을 가져온다). 따라서 실존적으로 모든 인간은 그 독특함uniqueness과 개인 차이로 서로 충돌한다. 그리고 이것은 필연적으로 (우리가 이것이 폭력으로 확대되지 않도록 최선을 다하더라도) 갈등을 유발하지만 본질에서 우리가 성장하는 데 도움이 되는 긍정적인 것이다.

성장을 위한 갈등의 필요성을 설명하면서 독일의 철학자 헤겔Hegel(1812)은 그러한 과정의 배후에 있는 변증법적 원리를 개략적으로 설명했다. 그는 어떤 아이디어를 초월(앞으로 나아감)하는 데 있어 필연적으로 테제thesis와 반대되는 안티테제antithese의 합synthesis이 필요하다고 주장했는데, 이것은 한 가지 생각과 반대되는 생각 사이의 충돌이 없다면 우리는 둘 중 어느 한 가지를 넘어서는 성장을 할 수 없고 사물은 정적인 상태로 유지된다는 것을 의미한다. 이 논리에 따르면 우리는 아이디어를 성장시키기 위해서는 우리에게 동의하지 않는 사람들이 있어야 하며, 인간으로 성장하기 위해서 우리와는 다른 사람들이 필요하다. 민주적인 정부들은 이와 같은 방식으로 일한다(여당과 야당은 끊임없이 논쟁을 벌이며, 이는 새로운 아이디어를 만들어내는 데 도움이 된다).

그러나 다시 말하지만, 이것은 인간으로서 우리가 다른 사람들과 연결 없이 살 수 없으므로 편안한 과정은 아니다. 수천년 전에 우리는 살아남기 위해 다른 사람들과 함께 있어야 했다. 그 무리에서 거부당하는 것은 확실한 죽음을 의미했다. 따라서 진화를 통해 우리는 집단에 소속된 일원이 되려는 강한 충동을 갖게 되었고, 우리는 비슷할수록 서로를 더 좋아한다. 우리와 매우 다른 사람들(비판하는 사람들, 우리와 의견이 다르거나 반대되는 정치적 신념을 가진 사람들)이 우리가 인간으로서 성장하도록 도와준다는 것을 이해할 수 있지만, 우리는 화합과 평화를 갈망하고, 따라서 비슷한 가치와 관심 그리고 사회·정치적 배경을 가진 사람들 사이에서 시간을 보내려고 한다. 우리는 신념 체계가 없는 뉴스 매체들을 사용하고, 어떤 형태이든 대립으로 이끌 수 있는 상황을 피한다.

사르트르(1944)는 다른 사람들이 우리의 실존적 고립을 상기시킨다는 것을 의미하는 "지옥은 타인이다Hell is other people."라는 유명한 말을 했다. 그리고 오슨 웰즈Orson Welles는 「Someone to Love」(자그름 감독, 1987)에서 인터뷰하기를 "우리는 혼자 태어나고, 혼자 살고, 혼자 죽는다."라고 하였다. 근본적인 차원에서, 우리는 결코 다른 사람과 같기를 열망할 수 없다(우리 가운데 많은 사람이 우리의 첫 연애에서 그렇게 시도했을지라도). 다른 사람들은 나와 다르므로 그들과 마주치는 것은 우리의 '다른 것'을 생각나게 한다. 웰즈는 이어서 "우리의 사랑과 우정을 통해서만 우리가 혼자가 아니라는 환상을 만들 수 있다."라고 덧붙였다. 우리는 관계를 통해 이러한 실존적 고립감을 해소하기를 갈망하며, 흔히 긍정적 착각(열정의 장밋빛 안경을 착용하는)이 일어나는 시기에는 가장 행복한 것처럼 보인다. 그러나 실존주의자들은 파트너의 어두운 면을 볼 수 있는 관계를 더 선호할 것이며, 이를 받아들이고 이를 결점이 아니라 전체의 불가피한 부분으로 포용할 것이다. 실존주의 코치들은 그들의 고객을 이와 같은 방식으로 보고 그들이 이와 같이 하도록 돕는다.

> **쉬어가기**
>
> 이런 맥락에서 당신의 삶을 생각해보라. 당신의 친구는 누구인가? 어느 매체에서 뉴스를 듣는가? 당신은 어디에서 사회적 활동을 하는가? 지난 5일간 휴일에 어디를 여행하였는가? 그리고 그곳에서 어떻게 시간을 보냈는가? 갈등, 토론, 논쟁, 이의 제기에 대한 당신의 태도는 무엇인가? 당신은 갈등으로 이어질 것 같은 상황에서 당신의 의견에 목소리를 높이는가? 이러한 것이 친구들에게 공격적일지라도 당신의 생각을 말하는가? 당신은 고객의 결함을 보거나 고객에게 동의하지 않을 때 고객들의 견해, 의견, 신념에 이의를 제기하는가? 당신의 태도가 당신의 삶에 어떤 영향을 미치는가?

개인적(정신적) 차원 – 진정성authenticity과 정체성identity

개인적 차원에서, 우리는 미래의 가능성, 성격, 강점, 가치관, 신념 그리고 우리에게 중요한 것 등 우리를 특징 짓는 것들로 우리가 누구인지 그리고 우리가 어떤 사람인지에 대한 정체성과 지도를 형성한다. 이것들은 우리의 뇌에서 만들어진 생각, 감정, 시각적 이미지들로 특징 지어진다. 우리의 자기 감각sense of self은 우리가 삶에서 배운 것과 경험에 대한 감각을 어떻게 만들어냈는지에 대한 산물이다. 우리에게 설명과 기대를 제공하거나 우리가 세상을 이해할 수 있도록 도와주는 사람들(처음에는 우리를 돌봐주는 사람이지만 점차적으로 그들은 우리 주위에 있을 필요가 없다 – 유명인, 작가, 정치인들을 생각해보라)이 이 과정에서 중요한 요소이다.

일단 우리가 충분히 일관되고, 진실하며, 우리가 되고자 하는 종류의 사람을 따라간다고 느껴지는 세계관과 자기 감각을 만들면, 우리는 이 프레임에 의지하여 미래 결정future decisions을 안내하는 데 사용한다. 그러나 진정성과 일관성 있는 세계관은 우리가 성취할 수 있는 것이 아니어서 우리는 여생 동안 그것을 안고 살아간다. 세상과 모든 사람은 끊임없이 변한다. 새로운 정보가 매일 나타나며 가만히 머물러 있는 것은 불가능하다. 아무리 행복한 관계(자기와의 관계도 포함)라도 성장하고 발전하지 않으면 지루해질 것이다. 그래서 우리는 불확실한 미래로 나아감에 따라 우리의 유연한 세계관과 자기 감각도 함께 변화하고 성장하며 발전하기 위해 열린 자세를 유지할 필요가 있다. 문제는 이런 불확실성으로 인해 변화는 불편한 과정이고, 인간 본능은 먼저 사물을 이해한 다음 우리가 알고 있는 것에 매달린다. 우리가 누구인지, 세상이 어떻게 돌아가는지를 알면 우리는 안심한다.

따라서 우리는 이런 관점과 맞지 않는 일을 할 때도 자주 우리의 자기 감각에 매달린다. 예를 들어, 우리는 우리 자신을 정직하고 신뢰한다고 생각하는데도 파트너를 속일 수 있다. 직원들을 비윤리적으로 대우한다는 것을 알았지만 우리는 공급자와 이익이 되는 사업 관계를 유지한다. 우리는 정치에 대해 불평하지만 투표하지는 않는다. 사람들은 거짓말하는 것을 싫어하지만 꽤 자주 거짓말을 한다(또는 진실을 우리 또는 다른 사람 편에서 유리하게 왜곡

하기도 한다). 우리는 자신을 환경 의식이 있는 것으로 생각하지만 플라스틱 병을 사용하고 가솔린 자동차를 운전한다. 누군가 "잘 지내니?"라고 물으면 우리는 힘든 하루를 보내고 있지만 "훌륭해!"라고 말한다. 우리는 친구와 직장 동료, 사랑하는 사람에게 각각 다르게 행동할 수 있다. 그런 뒤에 우리는 이러한 사람들이 같이 섞이게 되는 상황에 처하게 된다(예: 생일 파티나 시내에서 쇼핑하는 동안 누군가를 만나는 것).

우리는 본래 일관성 있게 자기 이미지self-image를 보존하려고 노력하기 때문에 이러한 행동을 잘 알아채지 못한다. 따라서 어떤 주의도 기울이지 않는다. 우리가 그들과(위선자라고 불리며, 우리가 어떻게 거짓말을 했는지 또는 부정직하게 행동했는지를 지적하는 사람, 또는 우리의 의견이나 행동에 상처나 놀라움을 표현하는 사랑하는 사람이나 친구) 마주쳤을 때 우리는 자기 감각을 지키기 위해 방어적일 수 있다. 우리는 무슨 일이 일어났는지를 부정하거나 억누르고, 기억을 왜곡하거나, 우리가 어떤 사람인지에 맞추어 그것을 설명한다("나는 그들을 보호하기 위해 거짓말을 했을 뿐이다.", "내 사업의 목적은 소수의 고통보다 더 중요했다.", "투표제도는 어떻게든 조작되어 있다." 등). 우리가 방어하거나 부인하거나 억누르는 등으로 이러한 부조리를 제대로 관리하지 못한다면, 이것은 사고와 반성으로 소화해야 되는 음식으로 우리에게 남겨지며, 이로 인한 (사건의 무게에 따른) 진정성에 관한 내적 갈등의 결과가 우리를 작은(또는 때로는 큰) 위기에 빠뜨릴 수도 있다.

실존주의 코치는 끊임없이 변화하는 세상의 특성으로, 사람들이 결코 완전히 진실한authentic 사람이 되거나, 그런 방식으로 계속 살 수 없다는 것을 안다. 우리는 삶을 겪어가며 필연적으로 진실한 상태authentic state를 드나들며 삶을 엮어 내고, 사람으로서 진화하는 만큼 새로운 맹점blind spot도 계속 발견하게 될 것이다. 우리는 항상 '되어가는' 과정에 있다.[5]

현재의 자신을 그대로 유지하기 위해서는 많은 노력이 필요하며, 그런 시도를 한다면 궁극적으로 실패를 준비해야 한다. 심리적 차원에 대한 역설은 우리가 끊임없이 변화하면서도 일관성 있게 진정한 전체가 되기 위해 노력한다는 것이다. 그러므로 우리가 노력할 수 있는 최선은 우리가 누구인지를 너무 멀리 벗어나지 않고 진정성을 드나들며 삶의 양면을 엮어내는weave 것이다. 그리고 그러한 과정은 지속적이고 정직하며 흔히 불편한 성찰, 비판적 피드백에 대한 개방성 그리고 우리를 다르게 생각하는 사람들에게 우리 자신을 정기적으로 노출하도록 요구한다.

그럴 때조차 당신이 가진 모든 고귀한 생각들에 대해 불안을 경험하게 되고, 그것을 생각하는 것조차 당신을 비열한 인간이라고 생각하는 사람이 아마 이 세상에 있을 것이다. 다시 말하지만, 실존적 해결책은 우리가 옳다고 생각하는 것과 틀렸다고 생각하는 것에 동의하지 않는 사람들을 피하거나, 그들이 존재한다는 사실을 부정하거나 억누르기보다는, 이 사실이 있는데도 앞으로 나아가는 것이다.

실존주의 코치는 위의 내용을 알고 있으며, 고객의 부조화 영역을 식별하고 불편하더라도 자기 이미지 맥락에서 고객의 생각과 행동에 도전할 수 있도록 도와줄 것이다. 코치는 고객이 나중에 전체적으로 개인적인 정체성 위기를 치료해야 하는 것이 아니라, 고객이 자신의 신념에 부합하는 방향으로 길을 바로잡고, 잘못이 일어나면 즉시 고치며 그래서 지금 되도록 진정성에 머무는 것을 이해하면서 함께 불편함을 기꺼이 마주하고 도전한다.

> **쉬어가기**
>
> 진정성은 우리가 얻을 수 있는 영구적인 상태가 아니다. 우리는 항상 진정성을 드나든다. 당신은 최근에 진정성을 또는 진정성이 아닌 것을 inauthentic 느꼈던 적이 있는가? 그리고 그 이유는 무엇인가? 진정성 또는 진정성이 아닌 느낌을 일으킨 당신 세계관의 근본적인 요소들을 돌아보라. 마찬가지로, 고객이나 친구의 행동이 그들에게 중요하고 의미 있다고 주장하는 맥락에서 일치하지 않는 것을 마지막으로 확인한 것은 언제인가? 그때 당신은 그들에게 도전하였는가? 그들의 반응은 어떠했는가? 만약 그들이 방어적이거나 심지어 공격적이 된다면, 당신은 그들의 이익을 위해 최선을 다해 도전했다고 그들을 확신하게 하기 위해 무엇을 할 수 있는가?

영적 차원 – 의미와 목적

인간은 의미를 만드는 기계이다. 우리가 경험한 것을 이해하려는 것은 자연스러운 본능이다. 예를 들어, 삼각형이 없는 [그림 3.1]을 생각해보자. [그림 3.1]에는 삼각형이 없다. 마찬가지로 [그림 3.2]에는 얼굴 그림이 없다. 그러나 당신의 뇌는 이 정보를 추가한다.

[그림 3.1] 세 개의 불완전한 원과 세개의 꺾인 각도의 선은 가운데 부분에 두개의 삼각형 환영을 만든다.

[그림 3.2] 영문자 'D' 주변의 점 두 개는 얼굴 환영을 만든다.

    우리의 뇌는 세계가 어떻게 동작하는지를 배우고, 사물을 빠르게 이해하도록 진화했다. 이것은 우리의 생존을 도왔으며, 지금도 그러하다. 이것이 선천적으로 우리가 호기심을 갖는 이유이다. 우리에게 일어날 수 있는 가장 짜증 나는 일 가운데 하나는 우리에게 깊은 영향을 미치는 어떤 것을 이해할 수 없을 때, 그리고 어떤 일이 부조리하거나absurd, 믿기 어려운mind-boggling 일이 일어난 때이다. 위에서 언급한 바와 같이 이러한 상황은 세계가 작동하는 방식에 대한 우리의 개념 지도, 즉 우리의 세계관과 우리가 창조하기 위해(만들기 위해) 열심히 노력한 결과들이 공격을 받는 상황이다. 심지어 사람들은 그들의 세계관과 맞지 않는 어떤 것을 마주할 때, (자기 이론을 조정하거나 때로는 세상이 터무니없을absurded 수도 있다는 것을 단순히 받아들이기보다는) 그것으로 사람들은 화가 날 수도 있고, 수십 년 동안 세상이 틀렸다는 것을 증명하려고 시도할 수도 있다.

프랑스의 실존주의 작가 카뮈(1946)는 세상의 모든 것이 부조리하게 보이는 '이방인'을 묘사했는데, 이것은 그를 우리가 흔히 말하는 인간 경험human experience(다른 사람을 소중히 돌보며, 단순히 존재하는 것보다 더 큰 의미)의 상당 부분에서 자유롭게 한다. 이방인은 단순히 어머니의 죽음, 결혼, 살인, 감옥에 가는 것, 심지어 자신의 사형 선고 등 어떤 것도 신경 쓰지 않는 것처럼 보인다. 그는 사회규범에 복종하지 않고, 그 대신 자기를 세상으로 이끄는 주관적 경험을 정직하고 용기 있게 따른다. 보편적이고 객관적인 삶의 의미를 지배할 수 있는 사람은 아무도 없으며, 우리는 주관적 또는 사회적 규범에 근거하여 우리 삶에서 사물에 의미를 부여할 수 있을 뿐이라는 주장은 설득력이 있다. 그리고 설령 인생 각본life-script, 마스터 플랜이나 운명 같은 것, 외부에서 우리 존재의 의미와 목적을 제공해줄 모든 것이 있다고 할지라도, 아무도 그런 주장에 대해 보편적으로 받아들여지는 증거를 발견하지 못했고, 또 누구도 그렇게 할 수 없을 것 같다. 우리는 단지 그것에 대한 신념을 갖거나, 왜 그런 일이 일어나는지 또는 왜 우리가 존재하는지에 대한 설명을 단지 받아들이는 선택만 있을 뿐이다.

실존철학 관점에서 가장 철학적으로 들리는 설명은, 존재는 부조리한 것이며 무의미함(인간이 어떤 의미를 잡는 것이 불가능한)은 살아있는 존재의 소여 가운데 하나라는 것이다.

처음 보기에 다소 우울하게 들리는 견해(흔히 그렇게 오해되기도 한다)지만 그러한 결론에는 본질에서 엄청난 자유가 내재되어 있다: 만약 규칙이 없다면(우리가 우리 자신을 위해 만들거나 채택하고 따르기로 선택한 규칙만) 우리는 궁극적으로 우리가 원하는 모든 것을 할 수 있다(우리가 통제할 수 없을지도 모르는 세계 안에서 우리 행동의 결과를 기꺼이 받아들이고자 하는 한). 만약 각본이 있고 우리가 그 인형이라면 우리가 무엇을 하든 그것은 어쨌든 우리가 하기로 되어 있었던 것이다. 카뮈의 이방인은 주관적 경험에 이끌려 그의 길을 여행하고, 그의 행동 결과에 직면하는 것을 선택했다. 그는 그렇게 함으로써 용기와 진정성을 보여주었다.

실존주의 코치는 고객들이 위와 같은 선택을 할 수 있는 장소(공간)를 제공할 것이다. 그리고 이방인의 운명은 그의 죽음으로 끝나지만(소설가 카뮈가 극단적인 예를 묘사하는 것처럼) 실존주의자는 그들이 동의하지 않는 어떤 신조나 규범에 복종하기보다는 그들에게 의미 있는 것을 위해 일어선 결과로 인해 (또는 적어도 그렇게 하지 않기로 선택한 결과를 받아들임으로써 – 예를 들면, 가족을 부양하기 위해 충족되지 않은unfulfilling 직업을 계속하는 선택을 하거나, 바로 그 직업에 의미를 부여하고 따라서 코칭 룸에서 이 상황을 심도 있게 탐구하는 과정을 통해 충족됨으로써 재구성re-frame하도록 선택하는 것) 고통을 겪게 될 것이다.

심지어 아주 작은 수준에서라도 무의미함을 둘러싼 불편한 느낌에 대해 열린 자세로 앉아 있는 것은 유용하다. 우리가 현재 이해하는 수준으로 보아 말이 되지 않는 새로운 정보, 그래서 우리의 의미 지도map of meaning의 정확성에 도전하는 것은 성장하고 발전할 기회이며 우리의 세계관을 다시 생각하고 조정하여 세계에 대한 더 완전한 이해로 초월해 갈 수 있도록 하는 초대장이다. 단기적으로는 특히 우리가 아는 것을 일관된 견해와 이해로 이미 형성했을 때, 그러한 새로운 정보를 신중하게 고려하기 위해 귀중한 자원(시간과 에너지)을 소비하는 대신에 그러한 정보를 무시하거나 거부하는 것이 더 편할 수 있다. 그러나 세계에 대한 우리의 이해는 제한적이었다고 가정해 보자(흔히 그러하지만). 그러면 시간이 흐르면서 새롭고 더 적합한 관점을 거부하기가 점점 더 어려워질 것이다. 그러나 이전에 그들의 견해에 투자한 자원이 많을수록(예를 들어, 주제에 관한 책을 출판하거나, 토지 주변에 회사를 설립하거나, 사람들 앞에서 열정적으로 논쟁을 벌였던 것 등) 그것은 내버려 두거나, 수정하거나, 대체하기가 더 어려워질 것이다. 때로는 적어도 설명을 하거나 자신이 만든 것을 버리지 않기 위해 가장 말이 안 되는 설명(그 시점에서 공정하게 보이는 설명)조차 스스로 믿게 만드는 지경에 이르게 된다.[6]

우리가 틀렸다는 것을 인정하거나, 누군가에게 사과할 용기를 찾거나, 우리의 관점을 바꾸거나 세계관을 재건하는 데 더 많은 시간과 에너지를 투자하지 않기 위해, 그리고 흔히 이것에 따르는 불편함에서 자신을 보호하기 위해 우리는 자기 기만self-deception을 이용한다. 이 과정은 의식적(특정인을 피하거나, 조용히 반성하는 시간을 갖는 것)이거나 무의식적(불성실bad faith과 같은)일 수 있다. 우리가 우리의 이중잣대를 보지 않을 수 없는 상황에 직면하거나, 우리의 의미 지도에 균열(또는 우리 스스로 보려고 하지 않은 큰 구멍까지)이 있다는 것을 더는 부정할 수 없을 때, 우리는 감정적으로 되기 쉬우며, 이는 모든 영역에서 우리를 도전적 행동으로 이끌 수 있다.

또한 그것은 항상 존재의 모든 단계에서 일어난다(존재의 의미에 관한 큰 질문들에서부터 위의 두 이미지와 같은 다소 평범한 문제들에 이르기까지): 우리는 흔히 그러한 것들이 없는 곳에서도 의미를 찾으려고 노력한다. 우리가 의미를 부여하는 데 강하게 연결되었을 때는 부조리함과 무의미함을 받아들이기 어려우며, 논리와 이성을 이용해 이 개념을 거부할 수도 없다. 우리는 개인적으로 우리에게 의미 있다고 느끼는 것을 선택(때때로 발견)할 수 있을 뿐이고, 이것이 다른 사람들의 관점과 다를 것이라는 것을 수용할 수 있을 뿐이다. 그리고 이것이 궁극적으로 삶을 살 가치가 있게 만든다(우리 모두가 같은 견해, 규칙, 지식과 의미를 받아들였다고 상상하라, 무슨 할 말이 남겠는가?).

실존주의 코치는 고객이 의미와 신념에 관한 지도를 탐색하고 (개인적이고 주관적인 것에서부터, 사실적, 객관적 설명을 통한 상황적, 사회적, 영적 또는 우주적 의미에 이르기까지) 자신이 일상의 존재에서 경험하는 것과 관련하여 정기적으로 확인하도록 도울 것이다. 이는 지속적인 탐색을 장려함으로써 미래의 위기에 대한 실존적 회복력을 구축하여 고객이 현실과 너무 동떨어지지 않도록 한다. 그뿐만 아니라 고객이 자신의 세계에 대해 잘 고려된 프레임워크와 그들에게 개인적으로 중요한 것(자신의 시간을 가장 잘 쓰는 방법 또는 갈등이나 중요한 결정에 대응하는 방법과 같은)을 기반으로 의사결정할 수 있게 해준다.

> **쉬어가기**
>
> 여러분에게 개인적으로 의미 있는 몇 가지를 적어보라. 이것은 실행할 때 옳다고 느끼는 어떤 것, 고통의 가치가 있다고 믿는 것, 또는 당신의 결정이 세계에 의미 있는 (전체 또는 특정한 부분에) 영향을 미치는 어떤 것일지도 모른다. 또는 그것은 성과, 활동, 과정 또는 당신이 의미를 부여하는 다른 어떤 것일 수도 있다.
>
> 고객이 이러한 의미 프레임워크를 탐색할 때 당신은 어떻게 도울 수 있는가? 일부는 행동에 대한 근본적인 신념을 밝히기 위해 직접적인 질문direct question을 한다(이러한 것 몇 가지를 적어보라). 또 다른 사람들은 그들이 대화를 통해 자유롭게 나타나게 하고 심상지도mental map를 유지하게 한다. 당신이 선호하는 접근 방식은 무엇인가?

경계 상황

때때로 우리는 위에 언급한 하나 또는 여러 가지 모순에 직면하는 상황에 놓였음을 발견한다. 이른바 '경계 상황boundary situation'에서 실존적 감정과 질문은 우리를 자기 기만의 층을 (실존적 불안으로부터의 방어) 뚫고 나와, 존재의 모순을 엿볼 수 있도록 눈을 뜨게 한다. 이런 상황에서 개별적 존재로서 우리 개인은 자신을 취약하게 하고, 일시적으로 실존적 불안감을 느끼는 것 외에 다른 선택이 없게 된다. 이러한 상황은 잠시 동안만 지속될 수도 있고, 개인에 따라 한동안 머무를 수도 있다. 그것들이 길어지면, 우리는 경계 상황이 유발될 수 있는 실존적 위기를 말할지도 모른다.

그 계기는 우리가 영원히 살지 않는다는 것을 일깨워 주는 작은 일(가슴이 꽉 막힌 듯한 순간, 생일이나 병 등)일 수도 있고, 또는 우리의 세계관에 심각한 칼질form of profound incisions(죽음에 가까운 경험, 우리를 놀라게 하는 관계 단절, 예기치 않은 해고 등)의 형태로 다가올 수도 있다. 우리가 실존적 불안에서 우리 자신을 보호하려고 하는 만큼, 조만간 우리가 실존적 우려에 직면하게 될 것은 거의 피할 수가 없다(예를 들어, 친구의 죽음을 마주하게 되거나, 궁극적으로는 자신이 죽음에 가까워짐으로써 죽음이 존재한다는 것을 상기시키는 것은 시간 문제일 뿐이다). 이러한 현실을 억누르는 우리의 능력은 믿을 수 없을 정도로 강할 수 있지만, 우리 모두는 이러한 경계 상황을 최소한 순간적으로라도 경험한다.

실존주의 코치는 이러한 상황들을 우리의 삶과 살아가는

방식을 다시 생각하게 하는 초대장으로 받아들인다. 이러한 상황에서 불편함을 강하게 느낄수록 우리가 존재의 어떤 중요한 측면을 피하거나 부정해왔다는 표시가 명확해진다.

이러한 시기에는 성찰할 시간을 만들고, 근본적인 가정을 포함하여 무엇이 그것들을 촉발시켰는지 탐구하면서 세계와 자아에 대해 더 진실하고 숙고된 관계로 나아가는 과정을 바로잡을 수 있도록 잠시 동안 이러한 감정에 머무르는 것이 중요하다.

에드가 리 마스터즈Edgar Lee Masters(1915, p.64)는 자신의 시 가운데 하나에서 의미의 역설에 대해 다음과 같이 표현하였다:

'인생에 의미를 두는 것은 광기로 끝날 수도 있지만, 의미가 없는 삶은 초조함과 막연한 욕망의 고문이다. 그것은 바다를 갈망하는, 그러나 두려워하는 배이다.'

쉬어가기

위에서 설명한 네 가지 차원 각각에 대하여 실존적 충돌과 마주했던 당신의 삶 또는 코칭 현장에서의 경계 상황을 적어보라. 자기 기만이 무너진 때 또는 딜레마에 빠진 경우가 될 수 있다. 아래 예를 보라:

- 육체적 – 죽음에 가까운 경험
- 정신적 – 열정적이고 재정적으로 직업에 의존하는 현장 관리자로서, 그들이 결코 동의하지 않는 행동을 강요하라는 명령을 받음
- 사회적 – 흡연의 위험성을 알고 있고, 집단 내에서 존중받는 위치에 있는 십대들이 친구들에 의해 흡연하도록 압박을 받음
- 영적 – 어디서나 23이라는 숫자를 보면서 일루미나티 Illuminati^{역주5)} 음모를 믿는 사람 또는 구약성서를 독실하게 믿는 신자가 아들의 동성애 성향을 마주하게 됨

불확실성

이 세계에서 확실한 것은 없다. 아마 우리는 죽을 운명에 대한 치유법을 찾을지도 모른다. 때때로 불가능하다고 생각하는 것이 가능한 것으로 증명된다. 다리가 절단된 남자가 달리기 선수(오스카 피스토리우스 Oscar Pistorius)로 올림픽에 출전하고, 흑인 남자가 미국 대통령이 되고(버락 오바마 Barack Obama), 사람의 귀를 쥐의 등에 이식하여 기르고

역주4) 철학적 계몽주의 시대인 18세기 후반 활동하던 급진적 성격의 자발적 결사체로 지구를 지배하기 위한 각종 음모론이 회자되기도 함

(Cervantes et al., 2013), 우리는 자전거로 공중에서 3회전하는 것을 보았다(개빈 고드프리Gavin Godfrey). 독일은 2014년 월드컵 축구에서 브라질을 7:1로 꺾었으며, 집을 나와 직장에 출근한다는 간단한 계획을 세운 누군가는 심장마비로 그의 목표를 달성하지 못했다.

우리는 어떤 일이 일어날지 100% 확신할 수 없다. 그러나 우리는 바람직한 결과를 확신할 때에만 결정을 내리는 경향이 있다. 결과적으로, 우리가 올바른 선택을 하고 있는지를 결코 제대로 알 수 없기 때문에 우리는 결정을 마주할 때마다 불안을 경험한다. 우리는 통계, 경험, 직관, 확률 또는 다른 요소들에 기초하여 가정할 수 있을 뿐이지 완전히 신뢰할 수는 없다. 이러한 불확실성으로 인한 기본적인 불안은 항상 존재하며 인간 존재의 불가피한 부분이다. 그리고 이것은 최고의 점심 식사 선택과 같은 작은 결정뿐만 아니라 우리 삶의 과정을 영원히 바꿀 분수령과 같은 결정에도 적용된다.

이 불확실성에 대한 긍정적 관점 또한 삶을 살 가치가 있게 만든다. 사실 인간은 삶을 더 흥미롭고 스릴 있게 만들기 위한 것을 찾는다. 우리는 책의 마지막 페이지를 미리 읽지 않고, 우리가 열정을 가진 스포츠 경기를 관람하기 전에 미리 결과를 알고 싶어하지 않는다. 또 우리가 언제 죽을지 정확히 알 수 있다면, 인생 마법의 상당 부분이 사라질 것이다. 결과가 불확실한 범죄 소설이나 영화를 즐기며, 일부러 불편하게 만드는 공포영화까지 보는 사람이 많다. 우리는 불확실성의 느낌을 추구한다. 왜냐하면 그것은 우리를 살아있다고 느끼게 하는 바로 그것이기 때문이다.

> **쉬어가기**
>
> 불확실성의 장점과 단점을 적어보라. 당신이 그것을 찾았을 때와 멀리하려 했던 때의 예를 들어보라.

흔히 인생에서 가장 기억에 남는 순간들, 우리가 다른 사람들에게 들려주는 흥미진진한 이야기들은 우리가 어렵고, 아마도 불가능해 보이는 선택들, 삶이 우리에게 커브볼을 던지고 때로는 우리 존재의 가장 핵심에 이르기까지 도전하는 상황들, 또는 죽음이나 삶의 갈림길에 서 있고 중대한 전환점을 가져올 수 있었을 심각한 역경에 직면했을지도 모르는 상황들이다. 때때로 우리는 만약 우리가 다른 것 대신에 이것이나 저것을 선택했다면 우리 삶이 어떻게 되었을까를 상상한다.

우리가 사람들에게 이런 상황에 대해 자부심을 가지고 말할 때, 우리는 보통 특정한 결정을 내렸거나 특정한 행동 방침을 선택한 데에 대해 인정받는다. 그러나 우리는 그러한 성취감을 자주 얻지는 못한다; 우리는 일어난 일에 대해 인정받을 것 같지 않다고 느낀다; 우리는 삶에서 우리가 적극적인 역할을 했다기보다는 그냥 우리에게 일어난 일이라고 느낄지도 모른다. 우리는 많은 사람이 긍정적이거나 부정적으로 인식된 결과에 따라 주장하거나 거부하는 책임responsibility과 책무accountability에 대해 이야기한다. 당신의 고객들은 도움이 되지 않는 겸손함으로 운이 좋았다고 주장할 수도 있고, 실제로 그들이 통제할 수 없는 상황에 대해 기만된 인정false credit을 받을 수도 있다.

기분, 감정, 생각 및 행동에 영향을 주기 위해 다양한 형태의 설명 양식explanatory style(Buchanan & Seligman, 2013)을 활용할 수 있지만, 실존주의 코치는 고객이 그들의 가치와 신념에 따라 의식적이고 확실한 결정을 내릴 수 있도록 함으로써 책임에 대한 그들의 태도를 인식하도록 격려할 것이다.

우리는 고객이 단기적인 행복감에 대한 기만된 인정을 함으로써 자신을 속이지 않기를 원한다. 우리는 그들이 되도록 완전히 눈을 뜨고 용기 있고 진실하게 인생의 도전에 맞서기를 원하며, 그들이 한 일과 하지 않은 일에 대해 완전한 인정과 책임을 지기를 원한다.

실존적 관점에서 '인간은 자유라는 저주를 받았다'(Sartre, 1946)라는 것이며, 이는 선택할 자유와 함께 선택해야만 하는 모순을 아름답게 표현하고 있다. 그것은 우리가 원하는 것을 자유롭게 선택할 수 있다는 것을 의미하며(이것이 가져올 어떤 결과를 감수할 준비가 되어 있는 한), 모든 것은 허용되지만(모든 사람은 궁극적으로 특정한 규칙이나 자신이 만든 규칙에 따라 선택하므로) 동시에 우리는 우리의 행동과 행동하지 않음에 대한 개인적인 책임을 거부할 수 없다. 확실성과 조화가 필요할 때 우리는 흔히 기존의 규칙(사회적, 사회구조적, 법률 또는 그 밖의 규칙)을 따르고, 신조(예: 부모가 우리에게 가르쳐 주거나 경전에 적혀 있는 내용)를 받아들이지만, 실존주의자들은 도전적인 신조를 요구하고, 사람들이 그들 자신의 규칙을 만들도록 장려한다.

도스토예프스키는 다음과 같이 썼다: "신이 존재하지 않는다면, 모든 것이 허용될 것이다."(1946년부터 사르트르의 유명한 강의에 인용) 그리고 실존주의자들에게는 그것이 시작점이다. 우리는 원하는 것은 무엇이든 할 수 있다. 그렇지만 우리는 또한 우리가 한 것과 하지 않은 것의 결과들을 선택하고 살아야 한다. 그러므로 우리가 하는 모든 선택은 어느 정도의 불안을 야기한다. 그리고 하이데거(1971)는 강력하게 다음과 같이 썼다. "자유는 인간의 재산이 아니다. 인간은 자유의 재산이다."

쉬어가기

당신의 삶에서 개인적인 책임을 거절하거나, 당신의 개입을 충분히 인정하지 않은 몇 가지 상황을 생각해보라. 그렇다면 당신이 책임을 거절했을지 모르지만 나중에 적어도 당신이 그 책임의 일부를 나누게 된 것을 스스로 인정해야만 했던 상황을 생각해보라. 책임에 대한 당신의 태도는 무엇이며 코칭 업무에 그것을 어떻게 사용할 수 있는가?

의사결정과 딜레마

많은 고객이 현재 그들이 힘들게 싸우는 어려운 결정을 가지고 코칭받으러 오며, 코칭 과정에서도 거의 매번 어려운 결정 순간이 나타난다.[7] 이러한 결정들 가운데 많은 것은 (특히 크고 중요한 것들) 선택, 책임, 불확실성 등과 같은 실존적 주제와 연관되어 있다. 중요하거나 어려운 선택은 보통 우리에게 중요한 것, 우리의 세계관, 믿음, 가치관과 연관되어 있다. 의사결정의 어려움은 서로 상충되는 필요나 욕구에서 비롯될 수 있으며, 실존적으로 많은 내적 갈등이 있다.

더구나 우리는 아침에 언제 어떻게 일어날지, 그리고 무엇을 먹을지부터 우리의 남은 인생과 잠재적으로 다른 많은 사람의 삶에 영향을 미칠 더 큰 결정들에 이르기까지 매일 수천 가지 결정을 내린다. 때때로 우리 행동이 우리의 미래나 다른 사람들에게 어떤 영향을 미칠지 그리고 미래가 어떻게 될지는 본질에서 불확실하다. 미래에 대한 예측과 논리적인 결론을 내리는 데 꽤 능숙해졌지만 우리가 인간의 행동을 완전히 예측할 수는 없을 것이다.

실존적으로, 의사결정에 수반되는 불안과 불편은 두 가지 원인에서 비롯된다. 첫째, 우리가 하는 모든 선택은 다른 가능성을 배제한다. 만약 A를 선택한다면, 우리는 이때 다시는 A를 선택할 수 없을 것이다. 우리는 생각을 바꾸어 A대신 B를 선택할 수도 있지만, 비록 이것이 거의 즉각적으로 일어난다고 해도, 그것은 즉시 그리고 주저 없이 A를 선택하는 것과는 결코 같지 않을 것이다.

예를 들어, 우리가 어떤 로맨틱한 파트너와 함께하기로 선택한다면, 우리는 다른 많은 사람(또는 일부일처제에 대한 당신의 입장에 따른 모두)을 배제하게 된다. 비록 우리가 현재의 파트너와 매우 행복하더라도, 다른 파트너가 우리를 더 행복하게 이끌었을지는 결코 알 수 없을 것이다. 이 피할 수 없는 불확실성은 모든 사람이 안고 살아간다. 그렇지만 그것이 불편하기 때문에(그리고 실제로 어떤 사람들에게는 매우 고통스럽기 때문에), 확신할 수는 없지만 특정한 결과를 믿기로 선택함으로써 그러한 불확실성을 극복하고자 하는 것은 이해할 수 있는 충동이다(예: 우리는 소울메이트다, 우리는 서로 같이 할 운명이다, 또는 그것은 부모에 의해 결정되었다). '믿음의 도약leap of faith'이란 키르케고르가 실존적 불확실성을 극복하고, 의심과 불편한 감정이 있는데도 용기 있게 삶을 나아가는 이야기를 할 때를 표현한 말이다.

두 번째 불안의 근원은 책임과 책무에 관한 것이다. 우리가 선택하는 순간 우리는 궁극적으로 우리가 행한 행동(또는 하지 않은 행동)의 결과에 책임이 있다. 이 세상에는 우리가 통제할 수 없는 것이 많고, 주어진 시간에 우리가 아는 최선의 것을 선택할 수 있을 뿐이지만, 많은 사람은 그것들과 함께 오는 책임을 피하기 위해 결정 내리는 것을 부끄러워하며 꺼린다. 이것은 미루기, 동기부여 부족, 스트레스, 심지어 개인적인 위기 등과 같은 다양한 증상들로 이어질 수 있다.

예를 들어, 고객은 더 많은 돈을 벌고 그들의 꿈을 이룰 기회가 있는데도 그들의 현재 급여와 그것이 제공하는 안정성을 위험하게 하고 싶지 않기 때문에 직장을 그만두고 프리랜서로 활동할 수 없다. 그들은 재정적으로 자신들에게 의존하는 사람들(예: 그들의 가족)에 대해 걱정하거나, 실수하거나 실패한 자신을 용서하지 못할 수도 있다.

실존주의 코치는 그러한 상황과 고객의 세계관을 더 넓

은 맥락에서 탐색하고 반영하여 관련된 연결을 만들고 그들의 선택과 그들을 이끄는 것에 대해 더 잘 이해할 수 있도록 할 것이다. 불가능해 보이는 선택들이 그러한 방식으로 탐구되고 고객이 당면한 딜레마와 다른 사람들과 함께 세상에 존재하는 그들의 독특한 방식 사이에 의미 있는 연결을 만들 때 고객은 흔히 무엇이 위태로운지 이해할 수 있다. 선택하지 않은 것 자체가 하나의 선택이고, 우리는 선택하지 않을 수 없다는 의미인 '저주받은 자유'를 이해함으로써 그것과 함께 오는 실존적 두려움을 견디고, 어쩌면 미래의 불확실성이 수반하는 흥분을 더 쉽게 받아들이는 선택을 한다(우리는 대부분 우리가 읽는 책이 어떻게 끝나는지 알려고 하지 않거나 적어도 앞으로 건너뛰지 않는다. 우리는 그 여행에 감사하며 결국 이것이 우리가 지불한 대가이다).

일단 고객이 어려운 결정이나 딜레마에 직면하는 상황(그들의 개인적이고 고유한 실존적 세계관)에 대한 더 넓은 인식을 갖고, 때때로 옳거나 그른 어떤 선택도 없다는 것$_{\text{just choices}}$을 이해하면 진정한 방식이 드러난다.

> **쉬어가기**
>
> 당신의 삶에서 또는 고객과 함께, 당신이나 고객이 선택할 수 없다고 느꼈고, 그것으로 탐색 과정이 훨씬 더 쉽게 된 상황을 설명하라. 이것을 선택이 수반하는 실존적 관련 주제와 연결시켜 보라.

종교에 관하여

대부분 종교는 일반적으로 무한한 능력과 함께 모든 것을 알고, 강력하며 항상 존재하는 신에 대해 의심의 여지가 없는(질문이나 잘못임을 증명할 수 없는) 믿음과 신앙을 바탕으로 죽음 뒤에 오는 것에 대한 관념, 중요한 질문들에 대한 대답(확실성), 의미, 지침 및 소속감과 함께라는 의식을 제공함으로써 실존적 불안에 대한 해결책을 제시한다.

그러므로 실존주의자가 무신론자라는 것은 일반적인 오해다. 많은 세속적 실존주의자는 실제로 신성을 믿지 않는다(아마도 가장 대표적으로 "신은 죽었다."라고 외친 니체). 그 대신 무엇보다 중요한 부조리와 무의미함으로 특징

지어지는 존재로서 우리 자신의 의미를 선택하라고 제안하지만, 실존주의 사상가들은 아마도 책에 묘사된 것과 달리 자기 자신보다 더 큰 무엇인 것과의 깊고 개인적인 관계를 통해 하느님과 강한 관계를 가졌었고, 또 가지고 있다.

키르케고르는 헌신적인 기독교 신자였고, 비록 그가 조직화된 교회(여전히 교리를 지지하는 전형이었으며, 특별히 도전을 향해 열려지지 않는)를 높이 평가하지는 않았지만, 그의 하느님과 강한 개인적 관계를 가지고 있었고, 실제로 이것은 그의 철학을 지탱하는 기둥 가운데 하나였다. 다른 유명한 기독교 실존주의자로는 폴 틸리히Paul Tillich, 롤로 메이Rollo May, 칼 야스퍼스Karl Jaspers, 가브리엘 마르셀Gabriel Mercer 그리고 칼 바르트Karl Barth가 있다. 기독교 실존 사상의 주된 교리는 우리는 우리 바깥에서 신과의 관계를 찾을 수 없다는 것(교회에 가는 일이나 다른 종교적인 실천 같은 일을 함으로써)이며, 오히려 존재와 인생의 큰 문제들을 숙고함으로써 개인으로서 우리 자신과 넓은 세계와의 사이에 거리가 없다는 것을 깨달으며 우리 안에서 신과의 관계를 찾을 수 있다는 것이다(마르틴 부버Martin Buber의 『나와 너』 참조). 다른 종교들(유대교와 마르틴 부버와 빅터 프랭

클의 글을 제외하고)은 아마도 그것이 주로 유럽과 미국에서 생겨났다는 사실 때문에 드러내 놓고 실존주의 사상가나 문학 작품을 만들어내지 못했다.

실존주의 코치는 무신론적인 세계관을 장려하지 않을 것이다(코치가 하느님이나 신의 부재를 강하게 믿더라도). 그러므로 우리는 그러한 실체와 무신론의 존재를 증명할 수도 없고 반증할 수도 없으며, 우리의 종교 신앙faith 만큼의 믿음belief으로 남아 있다는 것을 명심하라. 그러나 실존주의 코치는 고객과 함께 그들이 영적인 차원에서 어떻게 세상과 관계를 맺는가에 관해 대화를 나누고, 그들이 탐색 과정을 통해 더 강해지거나, 그들이 누구인지, 그들의 환경 그리고 어떻게 자신의 삶을 살 것인지에 대한 더 적합한 세계관과 신념 체계를 구축할 수 있도록 그들의 생각 일부와 신념에 도전할 것이다(그리고 이것은 신의 개념으로 갈 수 있거나, 아니면 멀어지거나 어느 쪽으로도 갈 수 있다).

실존주의적 '해결'

실존적 이슈에 직면한 고객들은 다음과 같은 질문을 할 수 있다. 이 실존적 불안을 극복하거나 뛰어넘기 위해 나는 무엇을 할 수 있을까? 어떻게 하면 내 인간조건에 따른 고통과 괴로움을 줄일 수 있을까? 어떻게 내가 두려움을 극복하고 이러한 내적 갈등을 해결하여 더 나은 삶을 살고 행복해지도록 도와줄 수 있는가? 먼저, 우리는 당신이 앞에서 배운 맥락에서 올바른 질문을 할 필요가 있다.

많은 형태의 불안은 완화되거나 해결될 수 있지만, 실존적 불안은 우리가 제거할 수 있는 것이 아니다. 인간조건을 초월하는 유일한 방법은 그 정의상 인간으로서 존재를 멈추는 것이다. 살아 있는 존재로서, 우리는 타인과 함께 세상에 존재하기에 우리가 경험하는 내적 갈등을 극복할 수 없으며, 기껏해야 고요함과 성찰의 시간을 멀리하고, 정신없이 움직이는 것으로 그것을 억누를 수 있다. 그러나 위에서 언급한 바와 같이, 이것은 장기적으로 여러 가지 바람직하지 않은 결과를 초래할 수 있다. 그리고 갑자기 죽음이 닥치는 어느 날까지 어떻게든 경계 상황에 끌려

가지 않는 데 성공하더라도 이것이 삶의 바람직한 방법인가 하는 의문이 남는다.

나는 이 질문에 대한 답을 알고 있지만, 다시 말하지만, 존재 자체를 바라보는 고통 대신 편안함comfort을 택하는 사람을 판단하지 않을 것이다. 그러나 실존적 용어로 자신의 삶과 관계를 이해하고자 하는 사람들에게 유일한 해결책은 인간조건에도 '불구하고' 사는 것이다(독어: trotzdem '불구하고'). 20세기의 가장 저명한 신학자 가운데 한 명인 폴 틸리히Paul Tillich(1952)는 이것을 무의미함에 대면하여 '존재할 용기courage to be'를 발전시키는 것으로 언급하였다. 그는 존재의 순수한 힘에 접촉할 것을 주장했다. 우리가 존재하지 않으면 고통도 없을 것이기에 고통의 시기는 우리의 존재를 상기시킨다. 일단 이 역설적인 관계를 받아들이거나 감수하게 되면, 우리는 절대적인 믿음이라고 부르는 것을 가지고 살 수 있다. 키르케고르는 19세기 후반에 같은 개념으로 인간조건으로의 '믿음의 도약leap of faith'을 주장하였다.

개인적으로, 1990년대에 힙합 문화에 몰입해서 10대 시절을 보내면서, 나는 정말 '진지하게 산다'(또는 할 수 있는

한 진지하게 사는)는 것을 아는 인간이 갖는 괴로움의 의미를 발견했다. 인기 영화 「매트릭스」(1999)의 은유적 '붉은 알약'은 주인공이 나쁜 꿈에서 깨어나 의미 없는 컴퓨터 가상세계로 안전하게 돌아오게 되는 '푸른 알약'을 복용하기보다 로봇이 인류를 멸종하는 미래 세계의 황량하고 도전적인 현실을 마주하는 선택을 하는 현대 문화의 또 다른 예다.

물론 모든 사람이 용기 있는 영웅이거나, 그렇게 되기를 선택하는 것은 아니다. 그러나 용기와 위험, 불안과 무의미성에 맞서는 우리의 태도와는 상관없이, 우리가 깊은 심연을 들여다볼 수 있도록 자신을 허용해야만 우리는 뛰어내릴지 말지를 선택할 수 있다. 그리고 들여다보는 것을 (따라서 불안에 맞서는) 선택한 사람은 키르케고르가 '신앙의 기사들Knights of faith'에서 이렇게 아름답게 적었듯이 실존주의자의 영웅이다.

> 주변의 모든 것이 조용해지고, 명료하게 별이 빛나는 밤처럼 엄숙해졌을 때, 영혼이 온 세상에 홀로 있게 될 때, 그때 비범한 인간이 아니라 영원한 힘 그 자체가 나타나고, 그리고 하늘이 열리며, 나는 그 힘 자체를 선택한다. 정확하게는 그 힘 자체를 받는다. 그러면 그 인격은 영원한 기

품을 더하는 기사 작위를 받는다.

(키르케고르, 1843/1987, p.177)

다른 책에서 그는 '신앙의 기사는 유일하게 행복한 사람이며 유한의 계승자이지만 체념의 기사는 이방인이자 국외자'라고 기록했다(키르케고르, 1843/1983, p.50).

그러므로 실존적으로 자각하는 고객은 영웅이 되기 위해서는 외부인의 관점(예: 직장을 그만두고 자기 사업을 시작하는 것과 같은)에서 그들의 삶을 근본적으로 변화시켜야 한다. 용기를 가지고 자신의 자유를 인식하며, 선택들을 고려하여 나쁜 신념 속에서 살지 않도록 선택하고, 인간조건과 무위inaction의 결과에 따른 고통을 은총과 수용으로 견딘다. 결국 올바른 삶의 방법은 없으며, 일을 그만두는 것이 끔찍한 생각이었을지도 모른다. 그러나 그것은 우리가 살아가는 방식에 관한 것이 아니라, 인간에게 부여된 소여에도 불구하고 의식적으로 우리의 길을 선택하는 것이다. 세상의 불확실성과 우리의 행동 결과를 받아들이면서(그 순간 그것을 이해할 수 있는 한) 우리는 자신 있게 선택할 수 있다. 선택하는 행위에서 우리는 생명 그 자체를 찾을 수 있다. 세상의 불확실성과 우리의 행동 결과를 받아들일 때 우리는 선택하는 행동 속에서 삶 자체를 발견하는 것처럼 자신있게 선택할 수 있다.

> **쉬어가기**
>
> 삶에 더 용감하게 맞서기 위해 오늘 무엇을 할 수 있을까? 의식적으로 도전보다 편안함을 택한 인생 영역은 어디인가(변명을 하는 것이 아니라)?

다른 실존적 '해결책'[8]도 만들어졌다. 예를 들어, 반 드루젠van Deurzen(1996, 2014)은 진실에 대한 인식과 실존적 지능existential intelligence 개발을 주장하며, 다음과 같이 요약했다.

- 역설 속의 존재를 수용하고 그 도전을 일으킨다.
- 완벽한 인간이란 없다는 것을 깨닫는다.
- 역설을 계속 협상할 수 있을 정도로 탄력적이고 유연한 방법을 배운다.
- 변증법을 허용하는 개인적이고 창의적인 방식으로 실존적 도전을 직면한다.

(반 드루젠, 1996, p.202)

니체는 우리 자신보다 더 큰 무엇인가에 연결하기 위해서 목적이나 인생 프로젝트를 선택할 것을 주장하는데, 이것은 삶 안에서in life 의미를 부여한다(삶의of life 가장 중요한 의미를 찾으려고 시도하는 것이 아니라). 그는 '만일 우리가 삶에서 자기 스스로의 이유를 가지고 있다면, 우리는 어떻게 하든 잘 지낼 수 있을 것'이라고 했으며(니체 1889/1990, §1.12) 이는 나중에 프랭클Frankl(1963, p.111)에 의해 더 일반적으로 '살아야 할 이유를 가진 사람은 어떻게 하든 거의 견딜 수 있다'라고 전해졌다.

부버(1937)는 우리의 경험에 따라 타인과 세상과의 관계를 맺는 방식의 중요성을 강조했다. 그는 우리가 진정으로 세상을 만날 수 있는 유일한 방법은 다른 것(I-It)과 연결되어 사람, 경험, 사물 등을 대상화하는 것(목적의 수단으로 이용하는 것)이 아니라, 접하는 사람 또는 그 무엇이든(I-Thou) 살아 있는 참 관계를 인정하여 우리와 우리를 둘러싼 세계와의 거리를 합쳐서merge 우리와 세계를 하나로 보며, 따라서 존재와 고통을 더 긍정적으로 연관시킬 수 있게 한다.

실존주의 치료사 출신의 코치이며, 런던에 있는 학교에서 처음으로 실존주의 코치들을 훈련시키며 수퍼바이징한

스피넬리Spinelli(1997)는 실존적 작업을 위한 수단으로 코칭에 관한 글을 통해, 여러분이 짐작했듯이, 탐색 과정을 촉진하며 더 나은 삶의 길을 이해하도록 돕는다.

최근의 주목할 만한 출현은 긍정심리학 제2의 물결(positive psychology 2.0 또는 PP2.0이라고도 불림)이다. 이는 웡Wong(2010)이 만든 용어로, 이스트 런던 대학의 동료들에 의해 더 자세히 묘사되었다(Ivzan, Lomas, Hefferon & Worth, 2016). 전통적으로 긍정심리학은 사람들에게 무엇이 옳은지에 대한 연구(강점, 긍정적인 감정, 행복과 웰빙 개념, 그리고 개인과 집단의 번영을 증진하는 개입과 같은 것)에만 관심이 있지만, 제2 물결의 연구자들은 개인과 세계와의 변증법적 본성nature을 받아들였다. 따라서 어떤 웰빙 이론도 인생의 어두운 면을 받아들이지 않으면 불완전할 것이라고 주장했다.

쉬어가기

당신이 이미 적용해본 해결책에는 어떤 것이 있는가? 어떤 것을 개발하였으며, 어떻게 하였는가? 당신은 특정한 철학 학파에 관해 배우는 것으로 이익을 얻을 수 있는 고객을 생각할 수 있는가? 당신은 어떻게 그들의 주의를 끌 수 있는가?

Notes

1. 이것이 플로우flow 상태가 바람직한 이유 가운데 일부다. 우리가 플로우 속에 있을 때('in the zone' 또는 최적의 경험이라고 부르는) 우리는 시간 감각을 잃을 정도로 활동에 완전히 몰입하고 흡수되어, 우리는 아무것도 느끼지 못하거나(좋거나 나쁘거나) 당면한 활동과 직접적인 관계가 없는 어떤 생각이나 자극을 인식한다. 매 순간이 다음 순간으로 흘러가고 흔히 사람들은 그 상태에서 최선을 다한다. 플로우 상태는 여러 조건이 충족될 때 발생하는데, 가장 중요한 것은 활동 수준이 우리의 기술 수준과 일치하고 우리가 본질에서 그것에 참여하도록 (끝내기 위한 수단으로써가 아니라) 동기가 부여된다는 것이다. 사람들은 이 공간 밖의 어떤 것(인간조건, 미래의 문제, 과거의 고통 또는 전혀 다른 감정을 포함하여)과도 관계가 없기 때문에, 플로우를 경험하는 동안이 아니라, 플로우 경험 이후에 행복감을 느낀다고 이야기한다. 그러나 이러한 상태는 지속 가능하지 않으며, 지속해서 생성하려고 시도하면 부정적 결과를 가져온다. 플로우에 대하여 더 배우길 원하면 칙센트미하이Csikszentmihalyi(2008)와 코틀러Kotler(2014)를 추천한다.
2. 롤랜드 그리피스Roland Griffiths 교수에게서 이러한 질문을 받았다고 알려준 폴렌Pollen(2018)에게 감사하며. 이는 사람들이 흔히 심각하게 생각하지 않는 죽음에 대한 믿음에 대해 더 깊이 생각하게 한다. 실존주의 코치는 고객들이 그 과정에서 더 견고한 세계관을 형성하도록 돕기 위해 그들의 가정에 대해 더 깊이 생각하도록 고객을 초대한다.
3. 우리가 수십억 년 안에 이 문제에 대해 어떤 입장일지 누가 알겠는가? 만약 우리가 그렇게 더 멀리 나아간다면, 오늘날에도 생명공학은 기하급수적으로 빠르게 발전하고 있으며, 언젠가는 세포 재생이나 다른 방법을 통해 인체를 무한정 유지할 방법을 찾을 수 있을 것이라고 생각한다. 그러나 지금까지 인간 정신의 반감기에 대한 증거는 없다(흔히 말하는 유효날짜).
4. 이 개념을 설명하기 위해 철학자 겸 영화제작자인 제이슨 실바Jason Silva의 유튜브 채널인 'Shots of Awe'에서 'existential bummer'에 관해 이야기하는 것을 보도록 추천한다.
5. 영화 「용쟁호투」(1973)의 브루스 리에게서 나왔지만, 인간 존재는 정

적일 수 없다는 것을 깨달은 사람들이 널리 이용했다.
6. 코미디언이자 실존 사상가인 빌 힉스Bill Hicks는 그의 쇼가 끝날 때마다 "이것은 그냥 타는 것일 뿐이야!"(이것 = "삶")라고 외쳤고, 수많은 사람이 '이 탈 것'에 투자했기 때문에 삶이 궁극적으로 부조리하다는 것을 받아들일 수 없는 것처럼 보이는 것을 지적하는데, 이것은 어떤 사람들은 인생을 어떻게 그다지 심각하게 받아들이지 않는지를 정말 이해할 수 없게 만든다.
7. 한 발 물러서면서 중요한 교환이 있었다.
   나: "답을 찾기 위해 왔는데, 내가 찾은 것은 더 많은 질문입니다."
   그 사람(미소): "좋습니다. 그것에 대하여 이야기해볼까요?"
8. 나는 실존적인 '해결책'에 관해 이야기할 때 계속 인용부호speech marks를 사용한다. 왜냐하면 이것들은 정의상 실존적 불안이나 인간조건에 대한 해결책이 아니라(인간조건을 극복할 유일한 방법은 인간이 아니거나, 존재하기를 그만두는 것이다) 오히려 인간조건을 잘 다루거나 수용하고, 피할 수 없는 도전을 겪으면서도 삶을 살아가는 것이다.

참고문헌

Binswanger, L. (1963). *Being in the World*. New York: Basic Books.
Buber, M. (1937). *I and Thou*. London: Continuum.
Buchanan, G.M., & Seligman, M.E.P. (2013). *Explanatory Style*. Hillsdale, NJ: Erlbaum.
Camus, A. (1946). *The Stranger* (trans. S. Gilbert). New York: Alfred Knopf.
Canning, B. (2007). *The Death Delusion*. Retrieved from https://bardcan.wordpress.com/2007/08/25/thoughts-on-the-toughest-questions-we-face
Cervantes, T.M., Basset, E.K., Tseng, A., Kimura, A., et al. (2013). Design of composite scaffolds and three-dimensional shape analysis for tissue engineered ear. *Interface, 10*(87). Retrieved from http://royalsocietypublishing.org/doi/full/10.1098/rsif.2013.0413
Cooper, M. (2003). *Existential Therapies*. London: Sage.
Csikszentmihalyi, M. (2008). *Flow: The Psychology of Optimal Experience*.

New York: Harper Perennial.
Frankl, V. (1963). *Man's Search for Meaning*. New York: Pocket Books.
Hegel, G.W.F. (1812). *The Science of Logic* (vol. 1; trans. W.H. Johnston & L.G. Struthers). New York: The Macmillan Company.
Heidegger, M. (1962). *Being and Time* (trans. I. Macquarie & E. Robinson). New York: Basic Books.
Heidegger, M. (1971). *Schelling's Treatise on the Essence of Human Freedom* (trans. I. Stambaugh). Athens, OH: Ohio University Press.
Ivtzan, I., Lomas, T., Worth, P., & Hefferon, K. (2016). *Second Wave Positive Psychology: Embracing the Dark Side of Life*. London: Routledge.
Kierkegaard, S. (1843/1983). *Fear and Trembling* (trans. H.V. Hong and E.H.Hong). Princeton, NJ: Princeton University Press.
Kierkegaard, S. (1843/1987). *Either/Or* (vol. 2; trans. H. Hong & E. Hong). Princeton, NJ: Princeton University Press.
Kotler, S. (2014). *The Rise of Superman: Decoding the Science of Ultimate Human Performance*. New York: Houghton, Mifflon, Harcourt.
Masters, E.L. (1915). *Spoon River Anthology*. New York: Macmillan.
Nietzsche, F. (1889/1990). *Twilight of the Idols* (trans. R.J. Hollingdale). London: Penguin Books.
Pollen, M. (2018). *How to Change Your Mind: The New Science of Psychedelics*. London: Allen Lane.
Sartre, J.-P. (1944). *No Exit*. New York: Vintage Books.
Sartre, J.-P. (1946). Existentialism is a humanism. Public lecture. Retrieved from www.marxists.org/reference/archive/sartre/works/exist/sartre.htm
Sartre, J.-P. (1958). *Being and Nothingness: An Essay in Phenomenological Ontology* (trans. H.E. Barnes). London: Routledge.
Spinelli, E. (1997). *Tales of Unknowing*. London: Duckworth.
Tillich, P. (1952). *The Courage to Be*. New Haven, CT: Yale University Press.
van Deurzen, E. (1996). *Everyday Mysteries: Existential Dimensions of Psychotherapy*. London: Routledge.
van Deurzen, E. (2014). Perspectives on psychological disturbance, happiness and emotional wellbeing. Public Lecture, Aarhus, Denmark, May. Retrieved from www.slideshare.net/emmyzen/existential-perspectives-on-well-being
van Deurzen, E., & Hanaway, M. (2012). *Existential Perspectives on*

Coaching. Basingstoke, UK: Palgrave Macmillan.

van Deurzen-Smith, E. (1984). Existential therapy. In W. Dryden (ed.), *Individual Therapy in Britain* (pp. 152-172). London: Harper & Row.

Wong, P.T.P. (2010). What is existential positive psychology? *International Journal of Existential Psychology and Psychotherapy*, 3,1-10.

Yalom, I. (1980). *Existential Psychotherapy*. New York: Basic Books.

4장. 실존주의 코칭 실제

올바른 기초 만들기

모든 고객이 코칭 프레임워크에서 실존적 주제 토론에 열려 있는 것은 아니다. 철학의 본질과 근원적인 질문의 크기로 인해 고객은 이런 주제들을 친구들, 또는 치료 과정에서 이야기하는 것을 선호할 수 있다. 그러나 위에서 언급한 바와 같이, 인간조건에 대한 이해는 고객이 논의하기 위해 가지고 온 이슈와는 상관없이, 당신이 실행하는 방법과 함께 전체적으로 고객에 대한 당신의 인식을 알려줄 것이다. 그렇지만 당신이 고객의 목표나 도전의 핵심에서 실존적 주제나 딜레마를 확인했을지라도 그 주제에 어느 정도 관여하고 싶은가는 항상 고객의 선택이라는 것을 다시

한번 강조하고 싶다.

예를 들어, 고객의 미루기 성향은 시간성과 자신의 존재에 완전하게 관여하기를 피하는 것과 연관될 수 있다. 그러나 시간에 대한 그들의 실존적 태도와 궁극적 책임에 대한 근본적인 부조화를 다루기보다는 그들의 생각과 습관이 점차적으로 더 생산적이 되도록 하기 위해 '그냥 하는 것just doing it'을 목표로 하는 행동 전략 개발을 선택할 수도 있다. 훌륭한 코칭을 할 수 있는 올바른 방법은 없으며, 논쟁의 여지가 있지만 더 깊은 수준의 통찰력, 변혁과 변화는 장기적으로 더 지속 가능한 결과를 낳는 경향이 있다. 그러나 어떤 종류의 지원을 원하는지는 고객의 선택이다. 그러므로 실존적 작업을 위해 올바른 토대를 만들고, 함께 작업할 철학적 차원philosophical dimensions의 탐색에 대한 정보까지 명확하게 계약하는 것이 중요하다.

계약에 관한 대화는 (작업 시작 단계에서 이루어지지만, 전체 코칭 관계에서 계속 진행되어야 하는) 실존적 마인드를 가진 코치에게 중요한 윤리적 요소이다. 고객이 어떻게 진행할 것인지, 무엇을 동의할 것인지에 대해 정보에 근거한 결정을 내리는 것이 가장 중요하다. 실존적 작업은 매우 도전적일 수 있다. 인생의 도전과 불안을 마주하고, 완전하고 진실하게 살기 위해 자신의 맹점blind spot을 발견하는 것을 목표로 하는 것은 관여하기 어려운 질문을 포함할 수 있다. 고객은 이러한 일에 참여할 용기와 함께 이러한 것을 이해할 필요가 있다. 실존적 작업 프로세스와 기본 원칙을 소개하기 위해, 이 장에서 설명할 모델들은 당신의 개인적인 접근법 도입과 함께 당신과 고객 모두에게 실존적 작업이 무엇인지를 파악하는 데 도움을 줄 수 있으며, 궁극적으로 고객에게 당신이 올바른 코치인지에 대한 정보에 근거하여 결정하게 할 수 있다.

현상학적 질문

실존적 작업은 튼튼하고 안전한 관계 안에서 탐구하는 과정이다(2장 참조). 우리는 고객이 더 넓은 세계관과 세상의 존재로서 삶의 경험과 관련하여 목표, 행동, 경험, 갈등, 생각, 감정을 반영하도록 장려하는 공간을 만든다. 이와 같이 실존적 작업에 주로 사용하는 방법이나 도구는 '현상학적 질의phenomenological inquiry'라고 부르는 것이다.

현상학적 질의는 코치가 '현상phenomenon'에 대한 기존의 모든 가정을 일시적으로 '중단brackets'하는 방법이다. 이것들은 우리가 고객을 안다고 생각하는 것(우리가 얼마나 확신하고 있는지 또는 우리가 '객관적 진실'이라고 부를 수 있는 것에 대한 고려와는 상관없이), 즉 우리가 행동의 결과 또는 상황의 원인에 대한 어떤 가설이 될 수 있고 또는 질의하는 동안 고객이 코칭 공간에 가지고 온 것에 대한 특정한 해석이 될 수도 있다. 고객이 말하는 모든 것은 아무리 명확하고, 우스꽝스럽고, 논리적이고, 비현실적이며, 도움이 되거나 파괴적일지라도(또는 우리가 보통 붙일 수 있는 다른 어떤 이름이라도) 그들의 말이 액면 그대로 받아들여진다. 현상학적 질의를 하는 동안(물론 이 말을 자신 있게 할 정도가 되려면 약간의 시간이 걸린다) 수평화horizontalisation[역주5] 과정을 통해 어떤 것도 설명이 필요 없는 것으로 받아들이지 않는다. 당신은 그 세계에 대하여 모르는 척한다.

예를 들면, 고객이 '좋은good' 느낌이라고 말할 때, 이것이 무엇을 의미하는지 알고 있다고 가정하지 않는 것이다.

역주5) 현상학 연구에서 자료를 분석하는 방법의 하나로, 얻어진 각종 개념들에 모두 동일한 중요성을 부여하는 과정

고객이 회의 결과가 재앙disastrous이 될 것이라고 이야기할 때, 당신이 '재앙disastrous'이 가진 의미에 대해 같은 이해를 공유한다고 생각하지 마라. 고객이 당신에게 누군가의 얼굴을 때리는 것이 그들의 문제를 해결하는 가장 좋은 방법이라고 설명할 때, 이것이 고객의 현재 현실이고, 지금 당장은 그것이 사실일 수도 있다는 것을 받아들이는 것이 가장 도움이 될 수 있다. 그 결과 당신의 고객은 진정으로 '주파수가 맞춰짐tuned in' 상태가 되었다고 느낀다. 코치는 방해, 수정 또는 해석 없이 그들 스스로 말하는 것을 들을 수 있고, 고객이 자신의 세계관, 가정, 신념에 대해 더 깊이 파고들도록 허락한다.

> **쉬어가기**
>
> 당신이 외계 생명체이고, 태어나서 처음으로 물체를 본다고 상상해보라(예, 건포도 같은 것). 무엇을 위한 것이라고 생각하는지, 무엇으로 만들어졌는지, 어디에서 왔는지, 어떤 소리가 나는지, 어떤 맛일지(식용이라고 가정함) 등을 적는다. 그 물체에 대해 알고 있는 모든 것을 중단하고 그 뒤 아직도 어떤 것이 남아 있는지 알려고 노력하라. 모든 감각을 동원해서 탐구하라. 아니면 세계 각지에서 물건을 파는 식료품점을 찾아 당신이 알지 못하는 물건을 선택할 수도 있다. 위의 과정을 거친 후 구글에서 찾아보라.

현상학적 질의를 하는 동안 우리는 고객에게 즉각적으로 해석하도록 강요하는 경향이 있는 '왜'라는 질문을 피하려고 노력한다(우리가 의미 만들기mean-making의 익숙한 패턴에 빠지지 않기 위해 회피하려는 자동적인 과정). 그 대신에 우리는 새로운 해석과 설명을 만들 공간을 열기 위한 노력으로 기술description 과정을 장려한다.

고객들은 흔히 성급하게 결론을 내리는데, 특히 그들이 성취하고자 하는 것에 대한 핵심 장애물인 오랫동안 가져온(또는 쌓아온) 가정이나 믿음을 가지고 있을 때 더욱 그러하다. 그것을 해석하기보다는 상황을 기술하도록 그들을 초대함으로써(일반적으로 '무엇', '언제', '어떻게'로 시작하는 질문을 통해), 코치는 고객들이 자신이 하는 이야기를 듣고 흔히 이 과정을 통해서 새로운 가능성과 대안적 해결책이 나타나는 탐색 과정을 촉진한다.

어떤 시점에서 코치는 다시 '주파수에서 벗어남tune out'을 선택하고, 자신의 세계관, 지식과 경험(툴박스tool box, 코칭 접근법, 전문성, 프로세스 또는 코칭 작업 안내 등을 포함하여)에 다시 연결하여, 고객이 표현한 것에 대하여 어떻게 반응할지 선택할 수 있다. 그러나 흔히 단순히 주파수를 맞추는 행위만으로 완전히 고객에 대한 통찰이 생기고, 그 과정은 계속된다.

현상학적 접근법의 강점은 다면적이라는 것이다. 첫째, 튼튼한 관계는 코치가 고객에게 반대하거나 도전하지 않고 오직 아이 같은 호기심으로 이끌려질 때 형성된다. 도전은 고객이 자신의 내적 갈등이나 부조리와 직접 대면할 때만 나타난다. 따라서 이 과정은 지시적이지 않으며, 코치는 고객이 코칭 룸으로 가져온 것이 무엇이든 그것을 탐색하도록 돕는 것 외에 다른 의도는 없다. 그 결과 고객은 대화하는 동안 통찰에 도달하면서 힘을 얻게 되었다고 느낀다. 많은 호기심과 가정 없음zero assumption의 자세로 그들이 가지고 온 것에 단지 주파수를 맞추기만 함으로써 고객들이 그들의 문제에 대한 대답이나 욕구에 대한 경로에 얼마나 쉽게 접근하는지 코치가 놀라워하는 것은 이상한 일이 아니다.

우리는 결코 가정에서 완전히 자유로울 수 없으므로 현상학적으로 질문하는 어려움은 판단중지bracketing하는 행위에 있다. 우리가 사람 또는 이야기의 시작(또는 문장의 일부분)과 마주치는 순간, 우리의 뇌는 우리가 이미 알고 있고 이전에 경험했던 것과 관련하여 자동으로 정보를 분류

한다(p.123에서 의미 만들기의 예 참조). 흔히 우리는 불과 몇 초 안에 많은 가정을 형성한다. 일상생활에서, 이것은 흔히 우리가 빠르게 변화하는 세계에서 빠르게 결정을 내리고 효율적으로 기능할 수 있게 해주는 유용한 과정이 된다. 우리가 부분적이라도 우리의 가정과 해석을 믿을 수 없다면 상당히 힘들 것이다.

그렇지만 실존주의 코칭 공간은 다르다. 이곳은 신중한 탐색을 위한 장소로, 고객이 갇힌 느낌을 받고, 앞으로 나아갈 방법들을 놓치게 하는 그들의 사고와 가정 속 패턴들을 확인하고자 하는 곳이며, 그들에게 도움이 되지 않는 믿음과 가정에 도전할 수 있는 곳이다. 이와 같이 현상학적인 질문 방법은 코치와 고객이 코칭 공간에 가지고 온 것을 더 깊이 들어갈 수 있게 해준다.

우리가 어떤 또는 모든 가정에 대해 판단중지하는 것은 반드시 성공하지는 못하겠지만, 최대한 가정이 우리 안에서 반응을 일으키기 시작하는 것을 인식하고, 그 순간 그것을 괄호로 묶어 판단중지하도록 우리 자신을 훈련시킬 수 있다. 이 반응을 가정, 결론 또는 해석에 의해 유발된 느낌(예: 고객이 계속 반복하고 이로 인해 결국 어떻게 될지 알고 있다는 코치의 가정에 따른 좌절감)으로 받아들이고, 그것을 정신적 상자mental box나 정신적 선반mental shelf 속에 집어넣는다고 생각해보라. 그것이 존재한다는 것을 알더라도 그것이 고객에 대한 당신의 다음 질문, 반응 또는 태도에 영향을 미치지 않도록 하라. 마음의 이면에서 말하는 것을 이해하거나 이전 세션에서 말한 것과 연결하려고 하기보다는 지금 순간present moment으로 돌아와 충분히 고객에게 맞추라.[1]

쉬어가기

다음 문장을 읽고 떠오르는 모든 가정을 적어보라. 이미지, 생각들, 해석, 색깔, 냄새, 설명, 결과물, 사람과의 연결, 경험, 기억들 또는 마음에서 나타나는 어떤 것도 될 수 있다.

- 공습 중 민간인 42명이 죽었다.
- 알렉스는 미친 듯이 달렸다.
- 나는 동네 슈퍼마켓에서 그녀와 어색하게 마주쳤다.
- 나는 월요일 아침에 출근해서 책상을 비우라는 이야기를 들었다.
- 나는 잘 지낸다.
- 네가 원하는 대로.
- 당신이 하는 말이 무엇인지 정확히 안다.

- 노랑과 초록이 섞여 있었다.
- 나는 대체로 조절하고 있다.

이제 당신의 가정에 도전하면서 되도록 많은 대안을 적어보라. 당신이 잘 아는 당신과는 다른 세계관을 가진 사람과 정신적으로 입장을 바꾸어 생각해보는 것이 도움이 된다.

무엇을 알 수 있는가? 최근의 고객을 생각해보라. 탐색을 위해 소중한 공간을 열 수 있도록 해준 것은 무엇이었는가?

지금-여기 사용하기

고객들이 자신을 더 잘 알 수 있도록 돕는 강력한 방법은 당신과 고객 사이에 지금-여기here and now에서 일어나는 일을 고객에게 되돌려주는 것reflect back이다. 고객의 보디랭귀지를 알리고, 방금 전에 두 사람이 의사소통했던 방식을 요약하거나, 고객의 이야기에서 음색이나 언어 변화에 주목하는 것을 의미할 수 있다.

현상학 정신에서 보면, '나는 네가 슬프다는 것을 알아차린다'와 같이 일어나는 것에 대하여 해석하지 말아야 한다. 그 대신 당신의 가정에 대한 모든 판단을 중단하고 무슨 일이 일어나는지를 묘사하라. 예를 들어, '당신은 얼굴을 찡그리고 있다' 또는 '나는 당신의 뺨에 눈물이 흘러내리는 것을 볼 수 있다' 등. 이것은 고객이 현재 순간에 집중하고, 그들이 세상에 존재하는 방식, 다른 사람들에게 반응하는 방식, 어떻게 의사소통하는지, 중요한 것은 무엇인지, 그들이 가질 수 있는 어떠한 믿음과 가정들 그리고 그들에게 영향을 미칠 수 있는 것의 범위를 탐색하도록 그들을 초대한다.

지금-여기를 사용하는 것이 가장 적합하며, 실제 진정한 관계 형성의 핵심적인 요소이다. 블록Block은 다음과 같이 적었다:

> 고객과의 진정성 있는 행동은 작업을 하면서 당신이 경험하는 것을 표현하는 것이다. 이것이 당신이 찾는 영향력leverage과 고객의 몰입commitment을 구축할 수 있는 가장 강력한 방법이다(Block, 2000, p.37).

코치들이 먼저 도구나 해결책을 제시하거나, 고객을 문제에서 떼어내려는 시도로 강력한 질문을 하는 것은 유혹적이다. 그러나 실존적인 방법은 고객을 현재 시점에 머무르게 하고, 그래서 자신의 상황을 심층적으로 탐구하고, 특히 그들의 세계관과 관련하여 상황이나 사건을 보는 새로운 방법을 발견하도록 돕는 것이다. 고객에게 이러한 것을 이해하도록 돕는 것은 그들이 누구이며 또 그들에게 중요한 것에 강력한 기반을 구축하게 한다. 이것은 그들이 스스로 해결책을 찾고, 어려운 결정을 내리고, 그들이 스스로 선택한 것에 따른 행동에 책임질 수 있게 한다.

> **쉬어가기**
>
> 최근의 코칭 세션을 생각해보라. 지금-여기를 유용하게 사용했던 상황을 찾을 수 있는가? 그것이 세션의 남은 부분에 영향을 준 것은 무엇인가?

직접적 코칭과 지시적 코칭 direct versus directive coaching

실존주의 코치는 고객이 자신의 행동 계획을 결정하고 그 결과를 책임지는 것의 중요성을 인식한다. 코치는 이슈 탐색을 촉진하고, 고객이 목표에 도달하기 위한 방법을 끌어내도록 돕는다. 이것은 직접적으로 이끌거나 지시적이지 않은 방법으로 이루어진다.

   코치는 고객에게 해야 할 것을 이야기하거나, 해석이나 지혜를 제공하거나, 비슷한 상황의 다른 고객에게 도움이 되었던 도구나 단계별 프로그램 등을 지시하지 않는다. 코치는 사람이나 상황이 똑같지 않으며, 각자 자신의 삶을 주관하고, 그 책임을 수용한다면 모든 개인의 결정은 스스로의 몫인 것을 안다.

   코치가 할 수 있는 것은 고객이 이야기하는 것 또는 이루고자 노력하는 것에 흥미롭거나 관련 있어 보이는 부분을 볼 수 있도록 초대하는 것이다. 이것은 각자의 전등을 들고 고객과 어둠속에 함께 앉아있다고 상상할 수 있다. 고객은 항상 끌어가고 궁극적으로 모든 결정을 내린다. 그러나 코치는 고객들이 의미 있고 잠재적으로 소중한 것으로 여기는 것에 전등을 비출 수 있으며, 고객과 함께 그곳을 탐색하기 위해 고객을 초대할 수도 있다.

   코치가 그들을 초대했기 때문에 살펴봐야하는 것일 뿐이라고 고객이 가정하는 것을 원하지 않기 때문에 이러한 소통방식은 중요하다. 코치와 고객은 각각 한쪽이 다른 한쪽보다 더 큰 힘을 가지지 않은 두 명의 여행 동반자 관계가 필수적이다.

코치가 인간 과정human processes과 동기 유발에 대한 더 나은 지식을 가지고 있을지는 모르지만, 전문가는 아니다. 고객은 항상 자기 삶에서 누구보다도 자신에 대해 더 많이 알 것이다. 초대하는 것, 또는 흥미로움을 표시하는 것(모순된 표현이나 표정 변화)에 대해 전문가가 추천하는 것이어서 반드시 그렇게 해야 하는 것이 아니라, 오히려 어떠한 불편한 감정 없이 코치에게 거절할 수 있다는 것을 명확하게 전달해 주는 것이 중요하다. 사실, 그러한 초대를 거부하는 고객은 그들 스스로 결정을 내릴 수 있고 자신을 안내하기 위해 다른 사람들에게 의존하지 않는다는 좋은 표시이다.

그런 의미에서 실존주의 코치는 고객이 관찰하는 것에 대해 고객의 관심을 이끌고, 실존주의 코칭 모델을 이용해 여행을 떠나도록 초대할 수도 있다는 점에서 방향성이 있을 수 있다. 그러나 고객은 항상 자기 배의 선장이며, 궁극적으로 어디로 가는지 그리고 그들이 내리는 결정에 책임이 있다.

쉬어가기

최근에 고객이나 다른 사람에게 했던 이끄는 질문leading question에 관하여 생각해보라. 주제는 무엇이었는가? 성과는 무엇이었는가?

고객이 말하지 않은 것은? 4가지 차원 활용하기

위에서 우리가 세상의 존재로서 경험하는 차원의 개요로 네 가지 모델에 관하여 배웠다([그림 4.1] 참고). 이것은 인간조건을 이해하는 데 도움을 주는 모델일 뿐 아니라 고객의 전체적인 모습을 개발하고 특정한 맹점blind spot을 식별하는 데 도움을 준다.

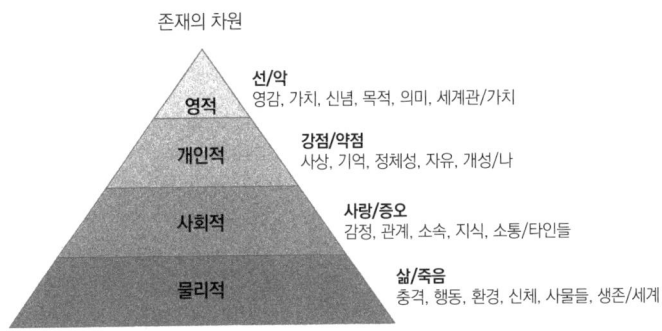

[그림 4.1] 존재의 네 가지 세계(van Deurzen, 1997)

예를 들면, 고객은 당신에게 직장의 과제, 운동 습관과 건강이 얼마나 중요한지, 영적인 신념과 미래에 대한 희망 그리고 그들의 성격과 정체성에 대해 상당히 포괄적인 이야기를 할 수 있다. 따라서 당신은 고객이 물리적, 개인적, 정신적 세계에 관한 많은 이야기를 들었을 것이다. 이때 당신은 고객에게 사회적 차원의 중요한 관계에 대해 말하는 것은 듣지 못했다고 지적할 수도 있다. 고객이 이 주제에 대해 아직 논의하지 않았다고 해서 그것이 고객에게 중요한 차원이 아닐 것으로 가정하지 말고, 그것의 중요성에 대해 그들에게 확인만 하면 된다는 것을 기억하라.

(존재의 실존적 역설의 개요를 설명하기 위해) 소개한 네 가지 차원 모델을 사용하는 것은 고객의 전체적인holistic 그림을 만드는 실질적인 방법이다. 이 방법을 고객에게 반영할 때, 그들이 누구인지 그리고 그들이 세상에 어떻게 존재하는가의 경험에 관한 튼튼한 기반을 쌓는 탐색의 초기 과정에 도움이 될 수 있다.

다른 방법으로, 코칭을 깊지 않게 접근하거나, 특정 행동 영역에 초점을 맞춘다면, 당신은 고객을 위해 단순히 사고체계mental framework 형성을 선택할 수 있으며, 이것은 관계를 강화하고 고객의 특성과 세계관에 더 적절한 개입을 위한 추가적인 가능성을 열 수 있다. 예를 들어, 만약 여러분의 고객이 사회와의 관계를 매우 중요하게 여기지만 그들의 신체와의 관계를 거의 강조하지 않는다면 - 예를 들어, 건강과 운동을 거의 고려하지 않는다면 - 이 지식은 여러분이 적절한 개입을 선택하는 데 도움을 줄 수 있다.

이 모델을 바라보는 또 다른 관점은 인간 존재의 중심부에 영적 차원이 있고, 중심을 감싸는 물리적 차원이 주위에 직접적으로 연결되는 구체sphere로 형상화하는 것이다([그림 4.2] 참조).

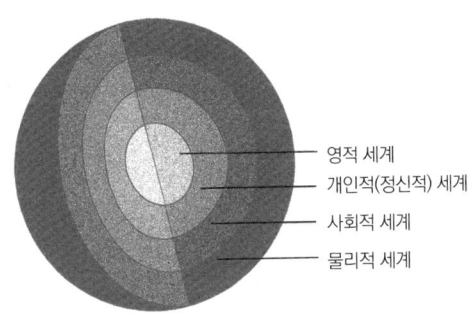

[그림 4.2] 네 가지 세계의 구형 모델

전체로서의(그래서 과거의 성찰과 현재를 사용하고 궁극적으로 고객이 이를 달성하는 과정을 통해) 고객에 대한 더 깊은 공감과 이해를 다양한 방법으로 추구할 수 있다. 열린 대화를 통해 단편적인 조각들이 드러남에 따라 전체에 추가할 수도 있고, 특히 각 차원을 탐색하기 위해 구체적인 질문을 할 수도 있다.

하나웨이와 리드(Hanaway & Reed, 2014, p.225-227)는 각 차원을 탐구함으로써 고객에 대해 더 많은 것을 배울 수 있도록 해주며, 더 중요하게는, 고객들이 자신들과 세계 속에서의 존재 방식에 대해 더 많이 배울 수 있도록 도와줄 많은 질문을 제시한다. 나는 그들의 훌륭한 제시에 몇 가지를 더하고 수정하여 적용하였다.

물리적 차원

- 현재 환경(집, 사무실, 침실, 공동 거실 등)이 당신에게 얼마나 중요한가?
- 그것들이 무엇을 제공하는가?
- 다른 곳에 있다면 무엇을 잃거나 놓치겠는가(예: 이사, 직장 변경 또는 사무실 변경 등)?
- 현재 환경에서 부족한 점은 무엇인가?
- 당신의 이상적인 환경은 어떤 모습, 느낌, 맛, 냄새와 소리를 가졌는가?

- 어떤 환경에서 가장 불안감을 느끼는가?
- 당신의 지금 환경에 이러한 선호도가 어느 정도 반영되고 있는가?
- 현재 환경에서 어떤 변화가 가장 유익한가?
- 자신을 신체적으로 어떻게 보는가? 당신은 당신의 신체와 어떤 관련이 있는가? 당신은 그것에 만족하는가? 그렇지 않다면 무엇을 바꾸고자 하는가?
- 세상에서 가장 집과 같은 곳은 어디인가? 집에 있는 것은 어떤 모습인가?

사회적 차원

- 다른 사람과의 관계는 어떠한가?
- 주위에 다른 사람과 같이 있는 것이 얼마나 편안한가?
- 사람들과 가까운 거리를 유지하는가? 아니면 거리를 두고 떨어져 있는가?
- 함께 자란 사람들과 연락하는가? 새로운 관계를 많이 만드는가?
- 파티나 사교 행사에서 어떻게 행동하는가?

○ 대화에 참여하는가? 누구와? 같은 생각을 가진 사람을 찾는가 아니면 토론과 논쟁에 참여하는가? 이미 아는 사람과 어울리길 좋아하는가, 아니면 새로운 사람을 알게 되는 데서 즐거움을 찾는가?
  ○ 되도록 많은 사람을 만나 인사하려고 하는가? 아니면 한 곳에서 더 긴 대화를 계속하는가?
  ○ 좋은 음식과 음료, 춤을 추고, 사람들에 대해서 신경을 덜 쓰기 때문에 거기에 머무는가?
- '가족'이라는 개념은 얼마나 중요하며, 당신 가족은 당신에게 어떠한가?
  ○ 가까운가?
  ○ 얼마나 자주 이야기를 하는가?
  ○ 당신과 가족 사이의 역동과 관계는 어떤 것인가?
  ○ 당신의 활동을 승인받기 위해 가족이 필요한가?
- 이끄는 것이 편안한가? 따르는 것이 편안한가?
- 다른 사람들과의 갈등, 분쟁 또는 논쟁에 대한 당신의 태도를 어떻게 설명하는가?
- 다른 사람과의 관계에서 가장 중요한 측면은 무엇인가?
- 삶에서 가장 중요한 관계는 무엇인가? 그것에 대하여 말

해보라.
- 다른 사람과의 관계가 당신의 삶에 어떻게 기여하는가?
- 관계의 결과로써 당신이 경험한 비용(댓가)은 무엇인가? 그것이 당신에게 어떻게 영향을 미치는가?
- 세상의 누군가를 친구로 선택할 수 있다면(그들도 수락한다고 가정한다면), 누구와 친구가 되고 싶은가?
- 절친/친구/동료/지인/그냥 아는 사람들이 대략 몇 명이나 되는가?
- 당신의 적은 누구인가? (만약 있다면)

개인적(정신적) 차원

- 당신은 누구인가?
- 당신의 성격personality과 자기개념self-cencept을 어떻게 설명하겠는가?
- 당신 성격의 강점은 무엇인가?[2]
- 가장 생생한 기억(코칭 주제와 관련하여)은 무엇인가? 사건, 사물, 사람 또는 경험에 대해서 무엇이 당신의 생각 속에 그렇게 선명하게 남아 있는가?

- 당신 마음에 자리하고 계속 반복해서 떠오르는 생각은 무엇인가?
- 자신과의 관계는 어떠한가?
- 명상을 하는가?
- 흔히 몸과 마음을 통해 지나가는 생각과 감정은 어떤 것들인가? 어떤 패턴을 알아차렸는가?

영적 차원

- 당신에게 없다면 살 수 없다고 느끼는 것은 무엇인가?
- 당신에게 중요한 것들의 스파이더 다이어그램(레이더 차트)역주6)을 그린다면, 무엇을 가장 중심에 놓겠는가?
- 만약 다른 사람이 당신에 대해 이야기한다면 당신은 이 문장이 어떻게 끝나기를 원하는가? "그는 …에 대해 매우 열정적이었다."

역주6) 여러 가지 항목을 평가하여 일정한 간격의 동심으로 척도를 재는 칸을 나누어 정량화된 점수를 표기하고 선으로 연결하여 항목 간의 균형을 보는 주는 표. 거미줄과 비슷하여 스파이더 다이어그램이라고 하며, 동심원이 레이더와 모양이 비슷하여 레이더 차트라 불리기도 함.

- 의사 결정과 행동을 이끌거나 지배하는 신념은 무엇인가?
- 현재 위치에서 어떤 의미를 찾는가? 어떻게 하면 의미 감각sense of meaning이 높아질 수 있을까?
- 만약 당신이 자신의 묘비명을 쓴다면, 그것은 뭐라고 말하겠는가?
- 세상에 가장 큰 선물로 무엇이면 좋겠는가? 당신의 가장 의미 있는 업적은 무엇이고 그 이유는 무엇인가?
- 만약 여러분의 심장이 목소리를 가지고 있다면, 그것으로 무엇을 대변할 것인가?

쉬어가기

각 차원을 탐색하기 위해 다른 어떤 질문을 할 수 있는가? 자유로운 탐색과 현상학적 질의에 대해 이끌거나 범주적이거나 닫힌 질문을 어떻게 좀 더 개방적으로 표현할 수 있는가? 이러한 프로세스의 결과를 어떻게 담아내겠는가? (예: 정신적 지도mental map 또는 플립차트 또는 노트의 사분면) 당신은 코칭 세션의 비디오를 보거나 누군가가 이야기를 말하거나 그들의 삶에 대해 이야기하는 것을 듣고 그들의 이야기narrative에 담겨 있는 네 가지 차원에 대응하는 요소들을 적어두는 것으로 연습할 수 있다.

실존주의 코칭 가이드

펠티에Peltier(2001, p.161)는 '임원코치를 위한 실존철학의 대단히 유용한 잠재력'을 지적했으며, 이러한 방식으로 연습할 때의 중요한 개요를 실질적으로 안내해주는 초안이었다. 그는 고려해야할 10가지 지침(같은 책, p.169-172)을 정하고 자세히 설명하였으며, 나는 여기에서 명확하게 하기 위해 몇 문장만 인용할 것이다.

1. **개성 존중**honor individuality - 먼저, 각각의 코칭 고객을 특별하게unique 보도록 의지와 신선함으로 접근하라. 고객의 관점을 강화하라.
2. **선택 권장**encourage choice - 매일, 매순간 고객은 자신의 정체성identity을 선택한다는 것을 상기하라. 실존이 본질보다 우선이다. 그들의 명성이 그들을 구속할 필요가 없다.
3. **실행**get going - 기다리는 시간은 끝났다. 고객이 위험을 감수하고, 참여하고, 행동하고, 때로는 '위험하게' 행동하도록 권하라.

4. **불안 예측과 방어**anticipate anxiety and defensiveness - 코칭 고객은 누구나 불안 경험이 있을 것이다. 예상된 일이며, 그것은 '정상'이다. 감정이나 자신의 주관적인 내적 상태를 알아차리거나, 토론하지 않거나 또는 할 수 없다고 이야기하는 고객을 조심하라.

5. **무엇인가에 전념하라**commit to something - 실존주의는 정기적인 활동, 일상생활에 관여하고, 열정적으로 하도록 요청한다. 고객이 망설일 때 그것을 수락하지 마라.[3] 다른 사람이 그 우선순위에 동의하지 않더라도 그들에게 중요한 일에 관여하게 하라.

6. **책임 수용 가치**value responsibility taking - 실존주의는 우리가 한 선택에 대해 책임을 지도록 촉구한다. 우리는 그것을 했고, 선택했고, 이제 우리는 선택과 그에 따른 영향을 받으며 산다.

7. **갈등과 대립**conflict and confrontation - 실존적 관점에서 사람 사이의 갈등은 피할 수 없다. 그러나 많은 사람은 성격적으로 갈등을 피한다. 이것은 실수이고 코치는 이 차원dimension에 따라 고객을 평가assess해야 한다.

8. **진정한 관계**authentic relationship **만들기와 유지** - 코치와

4장. 실존주의 코칭 실제   181

고객은 작업 관계에서 진정성을 통해 그들 모두 이익을 얻을 수 있다.[4] 진정한 관계는 양쪽이 서로 존중해야 할 자율적인 독립체entities로 대할 때 발생한다. 진실이 이야기되고 개인적 이익을 위해 조작하지 않는다.
9. **부조리에 대한 환영과 감사** - (삶 그 자체와 마찬가지로) 조직은 부조리한 예로 가득 차 있고, 큰(또는 작은) 조직에서 일한 적이 있는 사람은 누구나 일이 얼마나 터무니없을 수 있는지를 안다. 이것은 지극히 정상이다. 고객이 이 사실을 얼마나 잘 이해하고 이를 통해 무엇을 하는지를 알도록 고객을 살펴보라.
10. **고객은 자신의 방식으로 답을 찾아야 한다** - 가장 중요한 질문에 대하여 당신에게 누구도 답해줄 수 없다. 당신 방식대로 스스로 답을 찾아야 한다.

실존주의 코칭에 대한 고객의 기대

이러한 프레임워크를 구축하면서 하나웨이Hanaway(2019, p.103-104)는 실존주의 코칭을 원하는 고객이 앞으로의 여정과 관련하여 가질 수 있고 또 가져야 하는 기대로서 다음과 같은 15가지를 추가한다.

1. 그들은 자신과 자신이 가진 가치들에 대하여 이야기하도록 격려받을 것이며, 이미 확립된 모델에 맞춰지는 것처럼 취급되지 않을 것이다.
2. 그들은 그들 자신의 탐색에 대하여 책임을 지고, 삶에서 새로운 방식으로 선택과 결정을 내리는 데에 도움이 되는 창의적 대화에 초대될 것이다.
3. 그들은 자신들이 누구라고 생각하는지, 어디에 있는지, 그들의 인생에서 어디로 나아가고 싶은지 명확하게 표현할 수 있도록 도움을 받을 것이다.
4. 그들은 조금 더 깊이 탐구하고 자신의 삶, 그들 자신, 다른 사람들, 그리고 자신이 살고 있는 세계에 대한 그들의 가정에 도전하는 방법을 볼 수 있을 것이다.
5. 그들은 상호주의와 관대함 그리고 공감을 배움으로써 그들의 삶에서 갈등을 해결하고, 자신이 이것들을 어떻게 만들었는지 또한 갈등을 마주하고 어떻게 그것을 뛰어넘을지 이해하는 기회를 가질 것이다.

6. 그들은 변증법적인 원리와 스스로 움직임movement을 창조하기 위해 그들 삶의 성쇠에 따른 인간 존재의 역설을 더 많이 만드는 방법을 배울 것이다.
7. 그들은 무언의 가정, 편견, 가치관, 가장 깊이 뿌리박힌 신념과 인간 존재의 예측 프레임 형태로 그들 자신의 이념을 인식할 수 있게 될 것이다.
8. 그들은 자신의 시야를 흐리게 했던 왜곡 일부를 다루는 새로운 방법을 배울 것이고, 자기 삶에 대한 시각을 넓힐 능력을 향상할 것이다.
9. 그들은 대체로 인간 존재를 더 넓고 다양하게 보고 삶과 세계가 실제로 어떻게 작용하는지에 대해 더 많이 이해하는 데 도움을 받을 것이다.
10. 그들은 자신의 개인 철학에 대한 토론에 참여할 것이고, 시험받고 도전받는다고 느끼겠지만, 동시에 좀 더 건전하고 완전한 세계관에 도달하는 데 도움을 받는다고 느낄 것이다.
11. 그들은 낡고 파괴적인 습관을 버리고, 의미 있는 목적과 계획으로 세상에 다시 참여함으로써, 자신이 세상에 기여할 수 있는 것에 대해 열정을 느끼고, 삶을 더

새롭고 창조적인 진행 방식으로 대체하게 될 것이다.
12. 그들은 자신의 신체적 상태를 점검하고, 건강을 무너뜨리는 습관을 관찰하고 기록하여 신체적 건강을 해치는 나쁜 습관들을 깨뜨리는 데 도움을 받을 것이다.
13. 그들은 주변의 다른 사람들과 끊임없이 마찰을 일으키는 감정적이고 상호작용적인 패턴을 인식하게 되고, 그러한 갈등을 더 잘 해결하거나 또는 그 마찰 에너지를 앞으로 나아가는 데 사용하게 된다.
14. 그들은 자신의 자아상과 자신이 누구인지에 대한 개인적 감각personal sense을 숙고할 것이다. 그들은 자신이 될 수 있는, 또한 되고 싶은 사람이 될 수 있게 될 것이다.
15. 그들은 자신들이 살고 싶은 삶, 그리고 삶에 대한 비전을 향상할 것이다. 먼저 자신의 모든 신념과 가치관을 이해하고, 또한 인간 존재, 도전, 목적, 내적 적법성에 대해 더 많이 발견함으로써 향상을 이룰 것이다.

나는 코치로서 자신의 세계관, 가치관, 신념, 그리고 스스로 발견하게 될 맥락들에 대해 매우 잘 아는 것이 중요하다고 덧붙이고 싶다. 당신이 누구인지는 자신이 훈련하고, 듣고, 질문하고, 당신 몸이 어떻게 반응하고, 당신이 질문에 대답하거나 의견을 말할 때 당신의 목소리가 어떻게 들리는지와 복잡하게 연결되어 있다. 코치는 의사소통해야 하기에, 고객을 특정 방향으로 인도하거나, 이끌거나, 밀어붙이거나, 제안하거나 다른 방법으로 영향을 주기 쉽다. 만약 이 과정이 우리의 의식 아래 진행된다면, 우리는 고객들에게 피해를 주게 된다. 따라서 지속해서 성찰 훈련을 해야 한다. 내가 아는 가장 좋은 방법은 훈련된 전문가와의 정기적인 수퍼비전 세션을 갖는 것이다. 그렇게까지 할 수 없다 하더라도 어떤 형태의 성찰이든 그것은 심리적인 작업을 둘러싼 많은 역학관계를 모르는 채로 남겨 두는 것보다는 더 낫다. 나는 코치로서 당신의 역할과 관련된 기술과 과정을 좀 더 잘 알기 위해 하딩햄Hardingham(2004)부터 시작해서 성찰 훈련이 어떤 것을 수반하는지를 비송Bisson(2017)을 통해 더 깊이 이해할 것을 권한다. 그러나 당신이 개인적으로 무엇을 하든 어떤 것도 수퍼비전 그룹이나 개별 수퍼바이저가 제공하는 관계와 외부 관점을 대체할 수 없다.

　이러한 지침을 통해 읽으면서 때로는 당신이 불편함이

나 불안감을 느꼈을 것이라고 추측한다(예를 들어, '변증법적인 원리를 가르쳐야 한다'거나 '관대함에 대한 학습'을 통해서만 갈등이 극복될 수 있다는 개념에 도전해야 한다는 생각에서). 이는 지침을 제시한 사람의 명성이나 경험에 관계없이 자신이 그러한 지침에 의문을 가질 때 이미 실존적 태도를 가졌거나 실존적 태도를 발전시키고 있다는 신호이다. 모든 코치는 고객과 함께 일하는 그들만의 독특한 방법을 찾을 필요가 있으며, 위에 설명된 것(또는 그 밖의 다른 곳)과 같은 지침은 여러분이 궁극적인 책임을 지는 코칭 작업에 대한 단순한 제안, 초대 또는 영감으로만 작용할 수 있다는 것을 아는 것이 중요하다.

쉬어가기

지금까지 이 책에서 이야기한 것과 자기 스스로 내린 결론을 검토하라. 이 지침들은 당신의 코칭 실행 방법과 어떻게 관련이 있는가? 어떤 것을 적용하는가? 향후 적용할 것은 어떤 것인가? 동의하지 않는 것은 무엇이며 그 이유는? 어떤 것이 추가되어야 하는가? 고객은 당신의 코칭에서 무엇을 기대할 수 있는가? 나는 실존적 훈련을 위한 당신만의 지침을 만들어보고 적어 보길 권한다.

실존주의 코칭 모델

모델은 주요 작업들을 단순한 형태(복잡한 실체나 과정에 대한 가설적 설명)로 보여주는 데 유용하다. 실존적 접근처럼 복잡한 것을 GROW[5](Whitmore, 1992, 2017), PRACTICE[6](Palmer, 2007) 또는 TOOLKIT7[7](Bolton, 2017)과 같은 깔끔한 모델로 코칭을 맞추는 것은 매우 어려우며 논란의 여지가 있다. 나아가 대화 구조를 이해하고 대화를 관리하는 과정에서 사용되는 이러한 대화 프로세스 모델과 코칭을 전체와 구성요소들로 파악하는 코칭 모델(예: 2장에 기술된 니우어르뷔르흐Nieuwerburgh 모델)을 구별하는 것이 중요하다. 실존주의는 단지 코치들이 그들 자신의 방식대로 할 수 있도록 하는 실존적 작업에 대한 틀을 제공할 뿐이라는 사실에 덧붙여, 잘 정의된 실존주의 코칭 모델을 제시하는 것은 어려운 일이다.

CREATE 모델

하나웨이Hanaway와 리드Reed(2014, p.71)는 [그림 4.3]에 표

시된 CREATE 모델을 제시한다. 이것은 코칭 프레임워크에서 실존적 원칙에 대한 가능한 해석이며, 첫 만남부터 코칭 종료까지 실존주의 코칭의 핵심 단계를 강조한다(그러나 동시에 첫 만남과 종료의 중요성, 그리고 이러한 맥락에서 고객과의 관계와 같은 요소들의 중요성을 함께 강조하여, 코치가 코칭 프로세스의 이러한 핵심 단계에 더욱 주의를 기울이도록 한다).

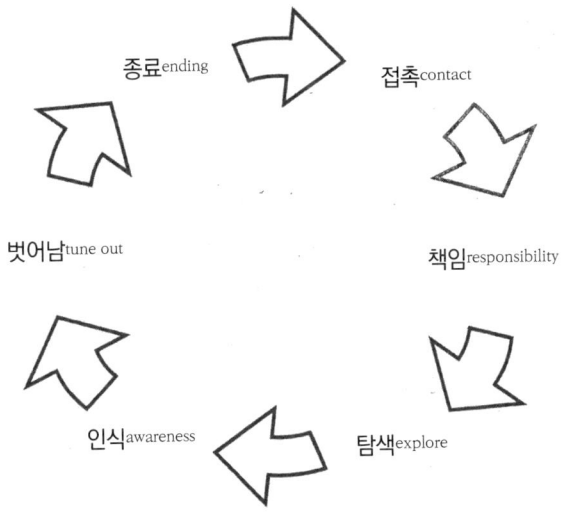

[그림 4.3] 실존주의 코칭의 CREATE 모델(하나웨이 & 리드, 2014)

접촉contact은 코치와 코치이가 서로를 알아가기 시작하는 첫 번째 공식 세션 이전에 시작된다. 고객이 당신을 만나거나 당신과 첫 대화를 하기 전에 대체로 당신의 존재를 인식할 것이고, 따라서 당신이 고객의 존재를 알기도 전에 고객은 당신에 대한 어떤 가정을 이미 구축해 놓았다는 것을 아는 것이 중요하다. 실존주의 코칭은 세계관의 만남임을 감안할 때, 서로에 대한 상호 가정과 기대를 탐색하고, 이를 첫 번째 세션, 매칭 확인 전화chemistry call 또는 협의consultation에 포함하는 것이 중요하다.

계약은 코칭 관계에서 각자의 **책임**responsibility을 보여준다. 이러한 책임은 실존주의 코칭 실행의 중요한 부분이며, 따라서 다른 코칭 접근법보다 계약이 더욱 중요하다. 코칭 관계를 통해서 역동, 목표, 태도 및 다른 것들이 계속 바뀌기 때문에 코치와 고객이 코칭 관계 전반에 걸쳐 거의 불가피하게 재계약re-contract이 이루어진다. 실존적 코치는 고객이 행한 것, 행하지 않은 것을 모두 포함하여 궁극적으로 코칭 성공에 대하여 고객에게 책임이 있다는 것을 강조한다. 당신이 코칭 프로세스의 한 부분으로 활동적이고, 격려하고, 제안하며, 도전하고, 탐색하고, 촉진하며 심지어 조언하는 등의 수준에 대하여 되도록 명확하게 이야기하는 것이 중요하다.

앞에서 설명한 바와 같이 실존주의 코칭의 주요 기술은 현상학적 탐색이다. 코치는 고객이 코칭 공간으로 가져온 것을 **탐색**explore하는 데 도움을 주는 동료 여행자다. 이러한 탐색은 코칭의 핵심 기술들(되돌려주기reflecting back, 요약하기summarizing, 바꿔말하기paraphrasing 등)과 연계하여 코칭의 실존적 목표인 고객의 지각(자각)을 높이거나 강화하며, 궁극적으로 고객이 더 의식적인 선택을 할 수 있게 하고, 탐색 여행 중에 발견한 내용을 바탕으로 행동하게 한다.

코치는 고객의 **인식**awareness을 4가지 차원의 모델(물리적, 사회적, 정신적, 영적)에 제시된 모든 실존주의 차원으로 넓히는 것을 목표로 한다. 탐색 단계에서 코치 자신의 의견, 가치 및 신념을 중단suspended시키는 반면(괄호치기bracketing, 고객에게 맞추기tune in), '**벗어남**tune out' 단계에서는 코치가 그들의 관점, 잠재적으로 도움이 되는 도구와 기술, 고객과 세계에 대한 경험을 제공할 수 있다. 맞추기하는tuning in 동안, 코치는 자신을 되도록 많이 멈추게 하며 suspend, 따라서 이 과정은 다른 코칭 스타일과 유사하게 보일 수 있다. 그러나 벗어남tuning out을 할 때 코치의 개별적인 스타일, 정체성, 특수성이 빛을 발휘하게 되고 각 프랙티셔너는 최대한 진정성을 갖도록 권장된다. 코칭 관계에서 코치는 '타인'(외부 세계)을 대표하며, 고객이 타인과 관련된 자기 자신을 경험하기 위해서는 이러한 외부 관점에 직면하는 것뿐만 아니라, 적절하며 도움이 되는 코치의 전문지식에서 이익을 얻게 하는 것이 중요하다(그리고 실제로 많은 경우에서 고객이 코치를 찾는 이유이다).

탐색, 인식 및 벗어남tuning out은 순차적인 단계가 아니라는 점에 유의해야 한다. 코치와 고객은 고객이 코칭 공간에 가져온 것이 무엇이든 그것을 처리할 의미 있는 방법을 만들어 낼 때까지 단계들 사이를 왔다 갔다 할 수 있다. 그리고 방법이 만들어지는 시점에서 코칭은 **종료**ending에 도달한다. 또는 단순히 코칭을 위한 자원이 바닥나서(아마도 합의된 세션 수가 종료되고 더는 예산이 가용하지 않은 경우) 종료될 수도 있다. 종료는 시간성temporality과 죽음death(맥락적으로 코칭의 죽음)이라는 실존적 주제를 강조한다. 따라서 이것은 코칭의 시작이나 진행 중에 고려하는 중요한 주제topic가 될 수 있다. 코치와 고객이 (세션이나 코칭 관계 전체의) 종료에 가까워질 때, 코치는 고객과 함께, 지금 여기here and now의 의미로서 고객 관계의 종료에서 중요한 역동을 발견하고 확인할 수 있는 기회이다.

MOVER 모델

CREATE 모델이 실존주의 코칭 프로세스를 더 명확하게 보여준다면, MOVER 모델([그림 4.4] 참조)은 실존주의 코칭을 실행할 때 어떻게 탐색하고 어떻게 작업할지와 함께 중요한 주제themes를 강조한다. CREATE 모델과 유사하게 나는 이 모델이 유연하게 사용될 수 있고, 실제로 이러한 주제를 중심으로 대화를 구성하는 데 사용될 수 있으며, 따라서 실존적 작업에 중요한 요소들을 상기시켜줄 뿐만 아니라 프로세스를 그려낼 수 있다는 점에서 특히 유용하다고 생각한다.

MOVER는 이와 같은 순환 모델에서 **의미**meaning를 사람들의 눈에 가장 잘 띄는 위치에 두었다(그렇지만 알다시피 시작과 끝에 대한 명확한 표시는 없다). 의미는 인간의 사고, 동기, 행동을 만드는 중요한 힘들 가운데 하나이다. 코

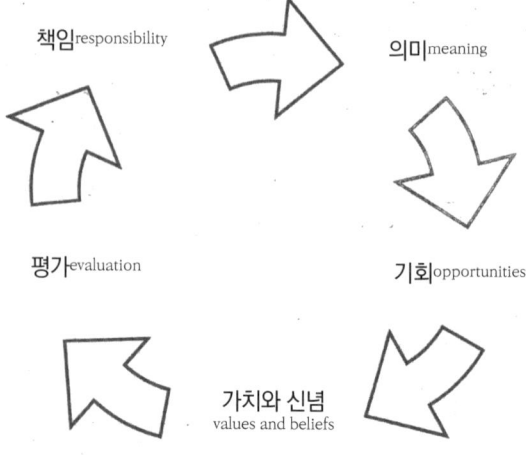

[그림 4.4] 실존주의 코칭의 MOVER 모델

치는 고객이 코칭 관계를 유지하는 것과 고객이 찾는 것의 의미를 이해할 필요가 있다. 특정 차원dimension에서 의미를 잃어버리고, 그들의 세계관이 도전을 받기 때문에 고객들은 흔히 실존주의 코칭을 찾는다. 의미, 목적, 방향은 고객의 이야기narrative 전반에 걸쳐 진행되는 중심적인 관심 사항이다. 고객의 의식을 성장시키는 고객의 목표와 관련된 내용을 코치가 경청하고 이를 다시 성찰하도록 고객에게 돌려주는 것이 중요하다.

우리가 배운 대로, 새로운 알아차림은 새로운 가능성으로 이어진다. 그러나 일반적으로 고객들은 새로운 **기회** opportunities를 창출하고 장애를 극복하기 위해 코칭을 찾는 경우가 많다. 실존적으로, 장애물은 삶을 완전하게 살 수 있게 하는 기회와 용기 있게 삶에 마주하고, 배우고 성장할 기회를 나타내기도 한다. 실존주의 코치는 고객 자신의 고유한 세계관과 존재 방식에 관련된 장애물을 마주하는 고객 경험을 탐색한다. 코치는 고객이 이러한 기회를 확인하거나 재구성할 수 있도록 도움으로써 고객이 성찰적 reflective 탐색을 통해 현재의 장애물을 극복하고, 나아가 그것을 수용하기 위한 창조적 행동을 할 수 있게 한다.

따라서 실존주의 코칭 작업 동안 고객은 자기 의미 지도와 복잡하게 연결되고, 따라서 삶에서 가능한 것 또는 가능성이 희박하다고 생각하는 것에 대해 자신의 **가치와 신념** values and beliefs(코치의 가치와 신념 또한)을 고려하는 것이 중요하다. 자신의 신념과 가치관에 정렬되지 않거나 부합하지 않는 방법(진정성이 아닌)은 실패할 가능성이 높거나 최소로 유지하는 데도 많은 에너지를 필요로 한다. 실존주의 코치는 고객이 더 깊은 수준에서 자신을 발견할 수 있도록 도와줌으로써 문제에 대한 진정한 해결책에 도달하도록 돕는다. 궁극적으로 우리는 고객이 편안함에 눈뜨거나 불안을 피하기보다는 자리에서 일어설 때 가능한 선택들을 인식하게 하여 그들 자신의 존재를 진정으로 마주할 수 있는 모드 authentic mode를 지속해서 만들도록 돕는 것을 목표로 한다.

이러한 선택들(존재에 대한 실존적 차원의 개별 관계를 포함하는 더 넓은 프레임워크의 맥락에서)에 대한 **평가** evaluation는 중요한 요소이며, 코칭 실행에서 특히 중요하다. 코칭하는 동안 고객은 다양한 잠재적 해결 방법을 만들려고 하므로 어떻게 진행하고 어떤 행동을 해야 하는지 결정해야 할 것이다. 이러한 다양한 옵션들이 고객의 세계와 고객 자신과의 관계에 어떤 영향을 미치는지 평가하는 것은 고객의 기준에서 최상의 방법을 선택할 공간을 열어주어 귀중한 통찰을 제공한다.

앞에서 요약한 것처럼, **책임** responsibility은 실존 사상의 중요한 부분 가운데 하나이며, 특히 고객이 앞으로 나아가기 위한 방법을 선택하거나 확신이 필요할 때 코칭 관계 전반에 걸쳐 그 중요성이 강조되어야 한다. 고객은 흔히 답을 찾거나 최선의 나아갈 방법을 확인하는 데 도움이 되는 특별한 도구와 기술을 찾기 위해 코치를 찾는다. 코치가 고객이 기회를 만들고 새롭게 이해하는 데 영감을 줄 능력이나 지식이 있을지라도, 코칭은 고객이 그들 자신의 프로세스를 완전히 확신하고, 자신의 실행 과정에 책임을 지며, 그 과정에서 자기 답을 발견할 때 장기적으로 가장 강력하다. 이 프로세스는 고객에게 자율권을 주며empowering, 고객의 자기 효능감과 미래에 도전하고, 해결하는 능력에 오랜 기간 동안 영향을 미친다.

코치가 뛰어들어 어려운 상황에서 고객을 구출하는 것은 흔히 유혹적인 일이며, 우리가 답(괄호치기 하려고 노력하는 것)을 알고 있다고 느낄 때 특히 그러하다. 그러나 고객이 스스로 결정하고, 그들이 행동하거나 행동하지 않은 것에 스스로 책임지는 것이 중요하며, 코칭을 통해 얻고 싶은 것, 코칭 과정에서 만든 특별한 행동 계획 맥락에서 고객이 승인한(따라서 책임질 수 있는) 행동 과정에서는 특히 그러하다.

고객이 적용하려는 변화, 선택에 대한 질문, 기꺼이 책임질 행동에 관한 질문은 흔히 의미에 대해 더 많이 논의할 수 있게 해주며, 결국 새로운 기회 등으로 이어진다. 이러한 사이클은 계속된다.

두 모델에 대한 사례 연구는 실존주의 코칭 스킬 핸드북 Existential Coaching Skill: The Handbook(Hanaway and Reed, 2014; Hanaway, 2018)에서 제공된다.

Note

1. 이와 관련하여 습득할 수 있는 매우 귀중한 기술로는 명상이 있으며, 우리가 생각과 감정에 섞이지 않으면서 떠오르는 것을 알아차리도록 우리의 마음을 훈련시킨다.
2. 코칭에 대한 접근 방식과 다른 접근 방법의 도구와 기법을 실존적 프레임워크로 통합하는 당신의 개방성과 능력에 따라(7장 참조) 고객이 이러한 질문 가운데 일부에서 통찰력을 얻는 데 도움이 되는 많은 도구와 기법이 있으며, 개발할 VIA Values in Action 강점 목록을 www.authentichappiness.com을 통해 무료로 이용할 수 있다. 그러나 고객의 이야기narrative는 질문지, 설문지, 심리측정 검사 결과보다 거의 항상 더 풍부하다는 점을 명심해야 한다. 즉 이러한 도구는 고객의 실존적 차원을 풀어주거나unlock 더 깊은 탐색을 시작하는 강력한 방법이 될 수 있다. 이 과정에서 결과(항상 완성된 고객의 모습)를 당연하게 받아들이지 말고, 그 유효성을 배제하고 판단중지bracketing 대화를 시작하는 것이 매우 중요하다.
3. 어떤 실존주의자들은 행동을 취하지 않기로 선택한 고객을 더 잘 받아들이는 반면, 다른 실존주의자들은 삶에 관여하고 싶은 열정으로 어떻게 그들의 의뢰인들을 재촉하는지 당신은 알 수 있다.
4. 펠티에Peltier(2001)는 임원코칭 맥락에서 작성한 것임을 염두에 두라

5. Goal- Reality - Options - Way forward
6. Problem identification - Realistic, relevant goals developed - Alternative solutions generated - Consideration of consequences - Target most feasible solution(s) - Implementation of - Chosen solutions(s) - Evaluation
7. Trust- Outcome - Open up - Loosen up - Know-how and resources - Identify tasks - Tidy up
8. 실존 사상의 본질과 특히 실존적 작업에 대한 지침을 고려한다면(5장 참조), 대부분 실존주의 코치는 고객의 개성을 존중하고 모든 고객이 궁극적으로 자신의 자유를 수용하고 자신의 방식대로 자신의 해결책을 찾아야 한다는 점을 높이 평가하기 때문에 직접적인 조언을 제공하지 않을 것이다. 그렇지만 코치로서 당신은 지금 코칭하는 특정 영역의 전문가로서 인정받아왔거나, 강한 멘토링 배경을 가졌기에 고객이 당신을 찾았을 수 있다. 내가 실존주의를 통합의 비옥한 기반ground이라고 묘사하고 있듯이, 모든 코치는 이 책이나 다른 어떤 것에 설명된 어떤 특별한 지침이나 규칙을 따르지 않고도 실존적 사고로 정보를 얻을 수 있다.

참고문헌

Bisson, M. (2017). *Coach Yourself First: A Coach's Guide to Self-reflection*. Kibworth Beauchamp: Matador.

Block, P. (2000). *Flawless Consulting: A Guide to Getting Your Expertise Used*. San Francisco, CA: Jossey-Bass/Pfeiffer.

Bolton, N. (2017). Foundations. Unpublished manuscript. London: Animas Centre for Coaching.

Hanaway, M. (2018). *Existential Coaching Skills: The Handbook* (2nd edition). Guernsey: Corporate Harmony.

Hanaway, M., & Reed, J. (2014). *Existential Coaching Skills: The Handbook*. Guernsey: Corporate Harmony.

Hardingham, A. (2004). *The Coach's Coach: Personal Development for*

Personal Developers. London: CIPD House.

Palmer, S. (2007). PRACTICE: A model suitable for coaching, counselling, psychotherapy and stress management. *The Coaching Psychologist*, 3(2), 71-77.

Peltier, B. (2001). The Existential Stance. In B. Peltier, *The Psychology of Executive Coaching: Theory and Application* (pp. 161-174). New York: Brunner-Routledge.

van Deurzen, E. (1997). *Everyday Mysteries*. London: Routledge.

Whitmore, 1. (1992). *Coaching for Performance*. London: Nicholas Brealey.

Whitmore, J. (2017). *Coaching for Performance* (5th edition). London: Nicholas Brealey.

5장. 비즈니스에서의 실존주의 코칭

조직에서의 실존주의 코칭

'실존적'이라는 단어는 분명히 사람들 눈에 쉽게 띄는 용어는 아니다. 이것은 흔히 위기에 처한 사람들에게 나타나는 질문들에 대해 어둡고, 깊은 철학적 관심을 갖는 것으로 묘사된다. 따라서 많은 코치, 특히 임원, 리더, 그리고 이른바 '대단한 책임을 가진 위치'라고 부르는 곳에 있는 사람들과 함께 일하는 코치들이 실존주의 사상에 기반을 둔다고 알려지고 또한 그들의 고객이 흔히 실존적 질문과 우려를 코칭 공간에 가지고 온다고 보고되는데도, '실존적'이란 용어는 일반적으로 기업 세계에서 자주 이야기되지는 않는다.

실존적 관점에서 볼 때 삶과 비즈니스는 분리될 수 없다. 단지 다른 사람들과 함께 (비즈니스) 세계에 살고 있음에 따라 동일한 소여의 대상인 것처럼, 코칭을 원하는 다른 고객들과 마찬가지로 비즈니스 코칭 고객들에게도 동일한 불안과 도전이 나타난다. 펠티에Peltier(2001)는 실존주의 내용이 포함된 『임원코칭의 심리학』에서 이것에 관해 충분히 다룬다. 일반 코칭과의 차이점은 대개 작업들이 성과와 행동 변화의 틀에서 이루어지므로 직원들은 이러한 질문을 코치와 공개적으로 검토하는 것은 적절하지 않다고 여기는 것 같다. 실존적 마인드를 가진 코치는 행동 변화와 성과, 고객의 실존적 기반 사이의 깊은 연관성을 볼 것이며, 따라서 이 수준에서 대화를 환영하고 장려할 것이다. 또 다른 차이점은 조직의 최고위층들이 더 많은 사람을 책임지는 경향이 있다는 것이다(예를 들면, 가족, 동료 집단 또는 지역사회 모임의 리더와 비교하여). 조직이 존재하는 내용에 따라, 리더, 관리자 또는 임원의 선택은 수백, 수천 또는 수백만 명의 사람들에게 영향을 미칠 수 있다.[1] 그러므로 이해 관계는 의심의 여지없이 더 커지고, 실존적 수준의 도전도 그에 따라 커진다.

흔히 측정과 관찰이 훨씬 쉬운 전통적인 성과 코칭 세션이 실존주의 코칭보다 고객에게 더 명확하고 즉각적인 결과를 보여주는 것이 사실이다. 그러나 성과 코칭이나 행동적 작업behavioural work의 긍정적인 효과는 고객 초기 과제의 근본 원인을 다루지 않고서는 장기적으로 유지하기가 어려울 수 있다. 흔히 새롭거나 유사한 습관과 행동은 근본적인 문제와의 관계가 해결될 때까지 지속해서 나타난다. 따라서 명확한 목표 설정과 일부 행동 작업과 함께 실존적 수준에서 새로운 이해와 그에 따른 사고 전환은 앞으로 (몇 달 안에 다른 코칭 세션을 예약해야 하는 고객보다) 몇 년 동안 더 지속 가능한 결과를 가져올 수 있다. 궁극적으로 이것은 기업의 돈을 절약하고, 도전과 불편함을 피하지 않고 용기와 힘으로 어려운 상황을 직면하는, 더 진실하고 의욕적이고 탄력적이며 자신감 있는 구성원들을 만들어 낼 것이다. 따라서 비즈니스 환경에서 효과적으로 일하기 위해 코치는 고객이 인간 존재로서 그들의 개입을 적절하게 선택할 수 있고, 고객의 최대 이익을 위해 고객의 인간 존재에 대한 더 넓은 스펙트럼의 인식을 개발하는 것이 좋다. 여기에는 고객, 조직 내 다른 사람들 사이에 내재하는 상호 관계와 조직이 존재하는 더 넓은 맥락에 대한 인식과 이해가 포함된다.

실존주의 리더십

리더는 일반적으로 부서, 조직 또는 국가의 최고 책임 위치에 있는 사람들이다(또는 가족, 오후의 독서클럽 또는 아마도 자기 삶을 이끌 수도 있다). 이들은 조직의 성공과 문화에서 가장 중요한 역할을 하며, 이들에 대한 많은 코칭 작업은 성과를 개선하거나 최적화하는 데 초점을 맞춘다(흔히 의사결정의 질과 외부 압력에서 보호해야 하는 구성원들과 그룹에 미치는 영향에 의해 특징지어진다). 좋은 리더는 이해관계자의 관심사를 마음에 두고, 그들이 가장 큰 의미를 가지는 모든 이해관계자(회사의 주주일 수도 있지만 넓게는 세계를 포함할 수도 있다 - 리더마다 다르다)에 대하여 깊은 관심을 가진다. 리더의 자리는 흔히 보통 평균 이상의 압박, 스트레스, 불안감을 동반하는 경우가 많으며, 이것은 리더들이 자주 수퍼맨(또는 니체가 말하는 '위버멘쉬' 또는 '초인')으로 보이고 그렇게 기대(스스로의 기대를 포함하여)되기 때문이다. 따라서 흔히 묘사되는 것처럼 리더의 인간적인 면을 놓치기 쉽고 또는 처음부터 리더가 되기 위한 노력에서 리더의 인간성을 잃어버리기 쉽다.

그러나 리더도 다른 사람과 같이 먼저 인간 존재human being이며, 모든 인간과 마찬가지로 똑같은 실존적 소여와 싸운다. 논쟁의 여지 없이 그들은(리더 자리를 추구하는 것을 선택했다고 가정하고) 용기가 더 많은 사람이다. 최근에 점점 더 많은 리더가 그들이 이끄는 사람들과의 진정한 관계가 사람들과 더 강력한 관계를 맺게 하고, 흔히 조직 전체에 걸쳐 더 높은 수준의 생산성과 헌신을 동반한다는 것을 인식하기 시작했다는 것은 주목할 만하다. 리더는 그룹 내에서 특정한 문화를 확립하고, 궁극적으로 그들의 그룹에 의존하여 일하고 문제에 대한 해결책 대부분을 만들어내는 데 중요한 요소이다.

실존적으로 자신의 삶을 이끌든, 국가나 포춘 500의 기업을 이끌도록 고용된 자신을 발견하든 관계없이 동일한 도전과 역설을 만나게 된다. 앞에서 다룬 것처럼, 사람이나 조직의 리더들은 책임감의 무게, 관계의 복잡성, 과도

한 일의 무게와 같은 그들 위치의 본질로 인해 흔히 특정한 실존적 문제에 대하여 다른 사람들보다 더 취약하다. 실존적 관점에서 포함된 주제와 우려에 대한 개요를 제공하기 위해 나는 실존적 주제 목록과 그러한 주제를 다룰 때 코치가 할 수 있는 역할을 포함하여 리더와의 관련성을 만들었다([표 5.1] 참조, Jacob, 2013).

[표 5.1]

실존적 주제	리더와의 관련성	코칭의 역할
책임 responsibility	조직의 성공, 구성원의 일, 고객의 요구 또는 건강과 웰빙(조직에 따라서)에 대한 책임	선택에 대한 책임을 인정하는 것. 개인적 책임의 경계를 탐색. 진정성 있는 의사결정 기반을 마련
선택 choice	많은 사람에게 영향을 미칠 수 있는 중요한 선택을 정기적으로 할 필요가 있음	선택과 가치, 세계관과의 연관성을 알게 됨
자유 freedom	경제적 상황과 재무적 통제의 결과로 가능한 조직을 안전하게 이끈다 → 의미 있는 결정을 하거나, 중요한 문제를 해결하는 대신 선임 직원은 최소한의 비용 지출만 승인함 → 자유의 상실	조직의 부조리와 함께 궁극적인 자유에 대한 탐색 옵션과 결과를 탐색하고 의식적 선택과 사실성의 수용을 만듦
일시성 temporality	일자리는 지속되지 않을 수 있고, 경쟁적인 환경, (비즈니스) 세계의 빠른 변화, 자원 삭감, 프로젝트 종료, 태스크 종료, 불필요한 인력들	종료에 대한 자세 및 주어진 한계 givens의 수용을 돕는 탐색
타인 others	일의 한 부분으로 (사람들이 자주 거부하는) 변화를 소개하면서 '타인 strangers'에 의한 기대, 경쟁, 관찰 및 평가 다소 '상위 집단'에 있으면 포기, 거부, 판단 및 차이에 대한 위험이 따름	사회적 세계를 탐색함. 리더는 어떤 관계인가? 다른 사람과의 관계를 탐색하기 위하여 지금 여기/현재의 관계를 활용하라. 자신과 관련하여 자신의 역할과 타인의 세계관을 명확하게 하라.

실존적 주제	리더와의 관련성	코칭의 역할
불확실성 uncertainty	경제적 불안정 성공한 리더는 경쟁자보다 우위를 점하고, 성공을 최대화하기 위해 불확실성 속으로 뛰어들 필요가 있다. 성공에 필수적인 위험을 감수한다. 그렇지만 불안은 서구 문화에서 금기tabu로 간주된다.	불안은 생길 수 있다. 불확실성이 창출하는 가능성(새로운 방향, 다양한 방식의 직원 참여, 투입input과 협업 환영 등)에 유념하고 주의를 기울이라. 불안과 함께하기. 그 안에서 평화와 힘을 찾아라.
진정성 authenticity	'리더로서의 나'와 '가정에서의 나' 조직의 목표/가치/세계관과 내 목표/가치/세계관	진정한 상태에 들어설 때와 나올 때를 알 수 있도록 도우라. 높은 자기 알아차림은 더 의식적인 선택, 의사 결정과 행동을 이끈다.
의미 meaning	의미는 상호 관련적이며, 리더의 네 가지 세계(일-사생활 분리 없음)에 걸쳐 일어나는 일과 연결되어 있다. 리더들이 스스로에게 묻는 질문: • 내가 무엇을 위해 이것을 하고 있는가? • 팀, 조직에서 내 역할로 수행하는 것은 무엇인가? • 내가 지금보다 이것을 더 하고 싶은가? 만약 그렇다면, 어떻게 나에게 의미 있는 방식으로 그것을 할 수 있을까? • 이끌어가지 못할 경우 내가 여기 있는 이유는 무엇인가? • 내가 어떤 지도자가 되고 싶은가? 그리고 그것이 나에게 어떤 의미를 부여하는가?	모든 과제, 활동, 대화 등에서의 의미와 삶의 의미를 구별하는 데 도움을 주고, 그 둘을 검토하고, 만들고 create, 결정한다. 그들이 끊임없이 변화하고 있고 지속해서 재평가되고 다시 생성되어야 한다는 것을 인정하라. 변화를 수용하라.
조직의 부조리 organisational absurdity	흔히 조직에서는 어떤 것도 더는 말이 되지 않는 상황에 도달한다. 그리고 그것은 흔히 정말로 그렇다. 결정, 터무니없는 규칙, 이기심과 탐욕 등에 일관성이 없다. 그것을 이해하려고 노력하는 리더들은 고통을 겪는다.	궁극적인 기반grounds은 없다는 것을 인정하라. 전체적으로 조직의 부조리와 세부적으로 프로젝트 의미 사이의 균형. 헌신은 필수가 아니며, 우리는 스스로 자기 의미를 만든다.

실존적 주제	리더와의 관련성	코칭의 역할
불안 anxiety	실존적 불안을 경험하는 것은 피할 수 없다. 그러나 흔히 리더는 여러 가지 이유에서 그것을 막아보려고 애쓴다.	삶에 대한 긍정적 참여를 유지하고 현실에 대한 열린 자세를 가지도록 일깨워 주는 알리미로써 불안을 감싸 안는 자각과 다른 사람에게 영감을 주고, 더 나은 관계를 만듦으로써 더 나은 판단과 더 의식있는 결정을 함
갈등 conflict	내부 갈등(요구나 자신의 기준에 맞추어 사는 것) 외부 갈등('타인' 항목을 볼 것)	다른 사람과의 관계를 탐색하기 위해 지금 여기/현재의 관계를 활용하기
불신 bad faith	리더들은 자신들도 공포, 의심, 불안, 죄책감, 두려움, 불안, 부조리 등에 직면하는 인간이라는 사실을 자주 부인한다. 그들은 자신들이 초인(수퍼맨)이거나 아니면 그래야 한다고 생각한다. 방어기제: 바쁘게 지냄, 진정성 없는 자기 분리divide of self를 유지(침묵, 공간 또는 생각할 시간을 견딜 수 없음)	그들에게 삶의 투쟁에 대해 알려주고 그들이 이러한 어려운 느낌과 감정을 어느 정도 받아들일 수 있는 경험을 수용하도록 한다; 진실하지 않음inauthenticity의 불가피성을 받아들이고 그것에 대한 이유를 알아차리는 것을 배운다(더 의식적인 선택).

출처: Jacob(2013)

    리더들과 실존적으로 작업할 때 일이 개인 생활과 거의 분리될 수 없다는 것을 다시 한번 언급하는 것은 중요하다. 앞에서 요약한 것처럼, 실존주의 코치는 리더 삶의 모든 면과 함께 고객에게 전체적으로 접근하며, 심지어 고객이 이러한 것을 대화의 주제로 코칭 공간에 가져오지 않았을 때도 그러하다(생각해보기: "나에게 말하지 않은 것은 무엇인가?"). 나아가 리더가 그들이 리더의 위치를 선택chose했는지, 아니면 그들이 그 자리에 던져졌는지thrown를 탐구하는 것이 중요하다.[2] 이것은 고객의 자율성, 책임에 대한 인지된 압력, 얼마나 의욕적이고 열정적인지 보여주는 것, 조직의 안팎에서 다른 사람들과 어떻게 관계를 맺는지에 중요한 영향을 미칠 것이다.[3]

따라서 리더십에서 실존주의 코칭의 역할은(더 행동 중심이고, 즉각적인 성과와 결과 중심 코칭과 비교하여) 잠시 멈추고, 돌아보고, 자기 인식을 키우고, 세계관과 의미를 탐색하기 위해 신뢰하고 안전한 장소를 제공하여, 리더의 역할이 수반하는 매일 도전적인 프로세스와 관련한 지원을 제공하여 진정한 리더십을 촉진하는 것이다. 실존주의 코치는 의미와 진정성에 대한 질문이 코칭 대화 속으로 들어갈 때를 알아차리고, 고객과의 계약이 허락한다면 이것으로 작업할 수 있다.

리더십에 관한 문헌의 행간을 읽을 때 당신은 많은 실존적 주제를 인식하겠지만, 이러한 주제는 흔히 공개적으로 그렇게 이름이 붙여지지 않는다. 특히 코칭과 관련된 몇 가지 예외에는 코칭 리더에 대해 실존적으로 글을 쓰는 조플린Jopling(2012), 실존적인 진정성 기반authentic 의사결정

코칭 모델을 개발한 르봉LeBon과 아르노Arnaud(2012), 실존주의 코칭을 리더십에 적용하기 위해 자신의 책 한 부분을 헌정한 하나웨이와 리드Hanaway & Reed(2014)와 실존주의 코칭 리더십에 대하여 독자적으로 한 권의 책을 발간한 하나웨이Hanaway(2018, 2019)가 있다.

실존주의 리더십에 대하여 특별히 글을 쓴 사람으로는 아가피토우와 보란타스Agapitou & Bourantas(『Existential Intelligence and Strategic Leadership』, 2017), 보제Boje(『Existential Leadership』, 2001), 롤러Lawler("The essence of leadership? Existentialism and leadership", 2005) and 헤르만Hermann(『Existentialism and Leadership Development』, 2011)이 있다.

또 수십 년 동안 이 분야의 리더들과 함께 일하거나 매우 성공적인 비즈니스를 운영하면서, 리더들의 실존적 주제를 부각시키고 리더들이 이러한 관점에서 자신을 탐색하는 것뿐만 아니라 사람들에게 자신을 진실하게 보여주도록 장려하는 책이 최근에 많이 출판되었다. 리더들과 함께 일하는 코치들에게 나는 브라운Brown(2012a, 2012b, 2013), 사이넥Sinek(2011), 랄루Laloux(2014), 오볼렌스키Obolensky(2010),

힐Hill(Hill, 2003; Hill & Lineback, 2011; Hill et al, 2014a, 2014b), 디수자D'souza와 레너Renner(2014), 프리드만Friedman(2014), 고피와 존스Goffee & Jones(2005) 그리고 하이페츠Heifetz와 린스키Linsky(2002) 등 몇 가지를 강력하게 추천하며 이 책의 참고문헌 부분에 더 많은 자료를 언급하여 놓았다. 이 모든 저자는 인간조건에 대한 이해('리더십 조건' 또한)를 바탕으로 그들의 글을 알리고, 비즈니스와 리더십의 현실 세계에 근거를 둔 충분한 예를 통해 그들의 아이디어, 이론, 모델 및 우수 사례를 강조한다.

Note

1. 국가 또는 국가 단위의 기업(애플, 아마존, 바이엘, 존슨앤존슨 등)의 리더들은 실제 매일매일의 선택을 통해 사람들 복지wellbeing의 많은 부분에 긍정적으로 또는 부정적으로 영향을 미친다.
2. 기술력에 유달리 유능한 사람들이 프로세스보다는 사람을 관리해야 하는 위치로 승진하는 것은 꽤 흔한 일이다. 모두가 이런 식으로 일하는 것을 열망하는 것은 아니지만, 기업 승진 사다리 위로 올라가는 자연스러운 방법이고, 실제로 편안한 지역comfort zone에 머무르거나 기술 강점을 발휘하기를 원하는 많은 사람이 그들의 역할을 더 나아갈 기회(사회적 지위, 직책, 특권 또는 상당한 임금 상승과 같이 흔히 외부에 의해 동기유발이 되는 결정)를 거절하는 것은 현명하지 못하다고 느낀다.

3. 임포스터 증후군*은 최근 몇 년 동안 증가해왔으며, 오히려 그들의 적극적인 선택 없이 승진된 많은 직원이 그들의 역할에 대해 점점 더 불안감을 느낀다는 인식이 그들의 행복과 진정성에 영향을 미치는 다양한 증상들을 일으키고 있는 것을 보여준다.

(* 임포스터 증후군: 회사의 중역이나 의사, 변호사 등 사회적으로 존경받는 지위나 신분에 이르렀으면서도 끊임없이 '이것은 내 참모습이 아니다', '언제 가면이 벗겨질지 모른다'는 등의 망상으로 괴로워하는 현상을 가리킨다.)

참고문헌

Agapitou, V., & Bourantas, D. (2017). *Existential Intelligence and Strategic Leadership*. Lap Lambert Academic Publishing.

Boje, D.M. (2001). Existential leadership. Retrieved from https://business.nmsu.edu/~dboje/teaching/338/existential_leadership.htm

Brown, B. (20 12a). *Daring Greatly: How the Courage to Be Vulnerable Transforms the Way We Live, Love, Parent, and Lead*. New York: Gotham Books.

Brown, B. (20 12b). Leadership manifesto. In B. Brown, Daring Greatly. Retrieved from: https://brenebrown.com/wp-content/uploads/2017/10/Daring_leadership_manifesto.pdf

Brown, B. (2013). *The Power of Vulnerability: Teachings of Authenticity, Connections and Courage*. Louisville, KY: Sounds True.

D'Souza, S., & Renner, D. (2014). *Not Knowing: The Art of Turning Uncertainty into Opportunity*. London: Lid Publishing.

Friedman, S.D. (2014). *Total Leadership: Be a Better Leader, Have a Richer Life*. Boston, MA: Harvard Business Publishing.

Goffee, R. & Jones, J. (2005). Managing authenticity: The paradox of great leadership. *Harvard Business Review*, 85, 86-94.

Hanaway, M., & Reed, 1. (2014). *Existential Coaching Skills: The Handbook*. Guernsey: Corporate Harmony.

Hanaway, M. (2018). *Existential Leadership*. Guernsey: Corporate Harmony.
Hanaway, M. (2019). *The Existential Leader: An Authentic Leader For Our Uncertain Times*. Abingdon, UK: Routledge.
Heifetz, R.A., & Linsky, M. (2002). *Leadership on the Line: Staying Alive through the Dangers of Leading*. Boston, MA: Harvard Business School Press.
Herrmann, A.F. (2011). Existentialism and the development of leaders. Paper presented at the Central States Communication Association Convention, Milwaukee, WI, March. Retrieved from www.academia.edu/4070013/Existentialism_and_the_Development_of_Leaders
Hill, L.A. (2003). *Becoming a Manager: How New Managers Master the Challenges of Leadership* (2nd edition). Boston, MA: Harvard Business School Press.
Hill, L.A., & Lineback, K. (2011). *Being the Boss: The 3 Imperatives for Becoming a Great Leader*. Boston, MA: Harvard Business Review Press.
Hill, L.A., Brandeau, G., Truelove, E., & Lineback, K. (2014a). Collective genius. *Harvard Business Review*, 92(6), 94-102.
Hill, L.A., Brandeau, G., Truelove, E., & Lineback, K. (2014b). *Collective Genius: The Art and Practice of Leading Innovation*. Boston, MA:Harvard Business Review Press.
Jacob,Y.U. (2013). Exploring boundaries of existential coaching. Master's thesis. Retrieved from www.academia.edu/8376861/Exploring_Boundaries_of_Existential_Coaching
Jopling, A. (2012). Coaching leaders from an existential perspective. In E. van Deurzen & M. Hanaway (ed.), *Existential Perspectives on Coaching*. Basingstoke, UK: Palgrave Macmillan.
Laloux, F. (2014). *Reinventing Organisations - A Guide to Creating Organisations Inspired by the Next Stage of Human Consciousness*. Brussels, Belgium: Nelson Parker.
Lawler, 1. (2005). The essence of leadership? Existentialism and leadership. *Leadership*, 1, 215-231.
LeBon, T., & Arnaud, D. (2012). Existential coaching and major life decisions. In E. van Deurzen & M. Hanaway (eds), *Existential*

Perspectives on Coaching. Basingstoke, UK: Palgrave Macmillan.
Obolenski, N. (2010). *Complex Adaptive Leadership: Getting Chaos and Complexity to work*. London: Gower. Available online at www.gpmfirst.com/books/complex-adaptive-leadership
Peltier, B. (2001). *The Psychology of Executive Coaching:' Theory and Application*. New York: Brunner-Routledge.
Sinek, S. (2011). *Start with Why: How Great Leaders Inspire Everyone to Take Action*. London: Penguin Books.
Sinek, S. (2014). *Leaders Eat Last: Why Some Teams Pull Together and Others Don't*. New York: Portfolio/Penguin.

6장. 윤리적 차원

'편법적 치료therapy through the back door' 로서의 실존주의 코칭

실존적 주제의 성격과 우리 삶에서 심각한 질문big question의 중요성으로 인해 이것을 공개적으로 끄집어내는 데는 위험이 따른다. 실존주의 코칭 세션에서 고객이 코치와의 관계에 필요한 신뢰를 형성함에 따라, 그들은 마음을 열고 전에는 감히 탐색할 수 없거나 깨닫지 못했던 삶의 영역에 관해 생각할 수 있다. 실존주의 코치는 고객의 이야기와 실존적 내용 사이의 관련성을 연결함으로써 이러한 탐색을 시작했을 수도 있고, 실존적 공간을 두드리는 특정한 질문을 던졌을 수도 있으며, 고객이 드러낸 문제에 대해 좀 더 깊이 생각하게 할 수도 있다. 이것은 고통스럽거나 도전적인 기억과 현실을 표면으로 드러내게 하는 것일 수 있으며, 그 뒤에 따라오는 감정적 공간이나 실존적 공허함은 경험이 없거나 훈련이 충분하지 않은 코치에게는 세션을 유지하기 어려울 수 있다.

따라서 고객에게 실존적 주제를 탐색할 수 있는 공간을 제공하려고 실존적으로 작업하기로 선택할 때 모든 코치는 스스로에게 물어야 하는 몇 가지 중요한 윤리적 문제를 감당해야 한다. 윤리적으로 수행하는 코치는 자신의 작업에 대한 광범위한 맥락, 잠재적인 위험을 인식할 것이며, 코칭 관계가 처음 시작될 때 한 번 확인하면 된다고 생각하기보다는 이런 중요한 윤리적 질문을 자신에게 계속 던짐으로써 성찰적 실행과정을 계속해야 할 것이다. 그러한 질문에 완벽한 목록이 있을 수는 없지만, 다음 사항을 고려하여 명심해야 할 사항을 파악한 다음 더 추가하기를 요청한다.

- 고객은 기꺼이 그들 삶(특정한 영역)을 더 깊이 탐색할 준비가 되어있는가?
- 고객이 나와 함께 작업할 것인지 정보를 바탕으로 결정 내릴 수 있을 정도로 내가 일하는 방식을 소개했는

가? 모범사례best practice를 이루기 위해 함께 작업하는 방식에 변화가 있거나 변경이 필요한 것이 있는가? 내 고객이 프로세스에 대한 정보에 따른 약속을 존중하기 위해 이러한 변화에 대해 알아야 하는가? 진행하면서 새로운 위험이 생겼는가?

- 내가 한 질문에 뒤따르는 감정적 공간을 유지할 수 있는가?
- 내 코칭의 한계/경계를 알고 있고 전달하고 있는가? 나는 어디까지 갈 수 있고 또 가려고 하는가? 고객이 훈련받은 치료사와 이야기하는 것이 더 나을지를 언제, 어떻게 알 수 있을까?
- 고객이 필요한 경우 적절한 지원을 제안할 수 있는가(개인적으로 검토된 치료사, 상담사, 도움 창구, 의사, 정부 서비스 등에 대한 연락처)?
- 코칭 세션이 끝나고 나서 고객이 안전한 것을 어떻게 확신할 수 있는가?

코칭 세션 대부분은 실제적인 위험을 견디기 위해 고객을 취약한 상태로 두지 않는다는 점에 유의해야 한다. 코칭 고객은 자원이 풍부resourceful하고, 전반적으로 삶에 잘 대처하는 경향이 있다. 실존적 작업을 하는 동안 약간의 불편함은 피할 수 없지만 대체로 고객들 대부분은 건강한 방법으로 이러한 것들을 잘 처리할 만큼 자원을 가지고 있으며, 성장으로 이끄는 생산적인 성찰을 위해 생각해낸 감정을 사용한다.

그러나 때때로 코치에 의한 질문, 단순해 보이는 성찰이나 요약summary에서 고객은 이 세계에서 존재하는 방식에 대한 깊은 탐색 공간을 만들 수 있으며, 그들 자신과 환경에 대해 매우 불편하거나 끔찍한 진실을 마주하게 되는 자신을 발견하게 된다. 신념의 한계 또는 고객 목표의 장애물로 인식한 세계관에 대한 도전은 큰 가치가 있지만, 이런 종류의 도전은 동시에 믿고 있던 것이 무너지는 것처럼 그들이 누구이고, 삶을 어떻게 사는가와 같은 고객의 기반을 불안정하게 할 수 있다. 이에 따른 영향으로 고객이 더 강하고 새로운 세계관을 만드는 것을(중요한 심리적 변화의 핵심적인 부분) 코치가 도와주는 동안 고객에게 세상은 일시적으로 더는 이치에 맞지 않는 곳이 된다. 이러한 과정은 신중하게 접근할 필요가 있다. 실존주의 코치는 고객과 어떻게 작업해야 하는지를 가장 먼저 고려해야 하며, 고객은 코칭 작업이 진행되는 방식에 대해 정보에 근거한 합의를 하고, 여행에 앞서 실존적 탐색을 함께할 때의 가능성과 위험 모두에 대한 잠재적인 도전에 대하여 알아야 한다.

실존주의 코치는 자신의 훈련 수준과 코칭 공간을 확보하고 고객의 안전과 웰빙을 보장할 능력을 충분히 인지하는 것이 중요하다. 코치는 단지 고객을 취약하고 불안정한 상태로 집으로 돌려보내기 위해 판도라의 상자를 열어보고 싶지는 않을 것이다. 코치로서(모든 코치로서, 그러나 특히 실존주의 코치로서) 성찰적 훈련을 쌓고(예: 정기적인 수퍼비전을 통해), 자신의 한계를 알고, 고객이 다른 누군가와 함께 작업하는 것이 더 낫다고 느낄 때 고객과 함께 일하는 것을 그만둘 용기를 발견해야 할 책임이 있다.

다른 접근 방법과의 통합을 위한 토양으로써 실존주의

실존철학의 초석 가운데 하나는 우리가 자기 규칙을 만들고, 스스로 선택한 것을 책임지는 한, 우리는 할 수 있는 것과 할 수 없는 것의 보편적 법칙에 묶이지 않는다는 것이다. 따라서 앞에서 언급한 바와 같이, 실존주의에 관하여 통합된 학파는 없으며, 많은 사상가가 핵심 주제를 넘어서는 많은 문제에 대해 의견이 일치하지 않는다. 이런 관점에서 실존주의는 그들의 특별한 도구, 방법 및 기술과 함께 코칭 실행 과정에 대한 많은 다른 접근법과의 통합을 위한 비옥한 토대를 제공한다.

실존적인 마인드를 가진 코치들은 고객의 전인적 그림을 형성하고 그들이 코칭 룸에 가지고 오는 주제에 대해 현상학적으로 질문하는 방식 사용을 목표로 하겠지만, 이것은 흔히 대화의 백그라운드에서 일어난다. 게다가 코칭의 특정 맥락은 그들 세계에서의 존재 방식과 관련하여 깊이 들어가거나 고객들에게 연관된 어떤 관계를 되돌아보는 것이 부적절하다고 여길수 있다. 특히 시간이 제한된 비즈니스 코칭에서 실존적 주제는 거리낌없이 논의되기 어려울 수 있지만, 그것들은 여전히 코치가 고객의 경험을 파악하는 데 도움을 줄 수 있다.

예를 들어, 의미에 대한 질문은 성장의 장애물일 수 있다. 그렇지만 코치는 고객의 삶에서 어떤 의미가 있는지 구체적으로 질문하기보다는, 고객의 이야기에서 이 정보를 끄집어내기 위해 이야기의 행간을 읽으며 이를 반영할 수 있을 때까지 고객의 일관된 그림을 서서히 구축할 수 있다.

실존적 주제를 세션에 도입하는 것이 적절해질 때까지, 그들은 단순히 개인으로서의 고객에 관해 코치가 이해한 것을 알릴 수 있다. 인생의 큰 문제들은 대화의 시작 부분에 있지 않을 수도 있다. 이와 같이 코치는 책임, 의미, 그리고 고객이 다른 사람들과 세상에 어떻게 관련되어 있는지에 대한 주제로 작업할 수 있지만, 그들 자신의 스타일과 접근 방식에 따른다. 그런 점에서 코치는 실행 과정을 자신의 개인적이고 전문적인 배경과 훈련, 그들의 개별적인 기술들skillset, 그리고 인간의 행동, 동기, 웰빙에 대한 그들 자신의 독특한 관점에 따르도록 하면서, 세상에 대한 자신의 실존적 이해를 자유롭게 개발할 수 있다. "'당신은 누구인가?'가 '당신은 어떤 코치인가?'이다."라는 말은 다른 어떤 것보다 코칭에 대한 실존적 접근과 관련이 있다.

관심 있는 독자는 내가 쓴 글 「the notion of therapy through the backdoor」(Jacob, 2011)와 「integrating coaching and therapy from an existential perspective」(Jacob, 2013)의 내 챕터, 그리고 최근 연구인 「Master Certified Coaches' perception of the boundaries of coaching」(Sime & Jacob, 2018)을 참조할 수 있다.

참고문헌

Jacob, Y.U. (2011). Therapy through the back-door: The call for integrative approaches to one-to-one talking practices and Existential Coaching as a possible framework. Unpublished manuscript. Retrieved from www.coachingandmediation.net/downloads/01%20-%20Research%20&%20Publications/2011-Jacob-Therapy_Through_the_Back_Door.pdf

Jacob, Y.U. (2013). An existential perspective on the integration of coaching and therapy. In N. Popovic & D. Jinks (eds), *Personal Consultancy* (pp. 271-291). London: Routledge.

Sime, C., & Jacob, Y.U. (2018). Crossing the line? A qualitative exploration of ICF master certified coaches' perception of roles, borders and boundaries. *International Coaching Psychology Review*, 13(2), 46-61.

7장. 실존주의 코칭 실행 확립

코칭 서비스 판매의 어려움

심리치료는 오랜 역사를 가지고 있으며 뚜렷한 대상 그룹인 심각한 정신적 고통에 처한 사람들과 함께 확립된 실무 분야이다. 이 분야 가운데 하나인 실존적 심리치료와 상담 또한 시간이 지나면서 도움이 필요한 고객이, 언제 도움을 찾아야 하는지 그리고 어디를 찾아보아야 하는지를 일반적으로 알고 있다. 그에 비해 코칭은 아주 최근에 와서야 나타났고 지난 10년 동안 인기가 있었는데도 많은 인증 코치가 새로운 고객들을 영입하기 위해 많은 노력을 하는 것을 나는 본다.

한 가지 이유는 위에서 언급했듯이, 코칭 고객은 상당

한 내적 자원이 있고resourceful 자신의 삶을 비교적 잘 다룰 수 있는 편이기 때문이다. 코칭은 흔히 사람들이 괜찮은 것okay에서 좋은 것good으로, 또는 좋은 것에서 놀라운 것amazing으로 움직이는 것을 돕는 것으로 묘사되는데, 이것은 지금 반드시 고쳐야 할 문제는 아니라는 것을 의미한다. 대부분 사람은 미래의 역경에 대비하거나 전반적인 삶의 질 향상을 위한 성장, 회복력 구축 및 핵심을 강화하기 위해 비교적 안정된 시기에 투자하기보다는 무언가가 잘못되었을 때에 돈을 쓰는 경향이 있다는 사실에 비추어 보면 코칭은 판매가 더욱 어렵다. 나는 이것이 많은 코치, 특히 기업 환경에서 여전히 성장과 개발보다는 문제와 갈등을 해결하는 패키지를 제공하는 이유라고 믿는다(또는 그들이 서비스를 판매할 때 적어도 이런 식으로 그들의 제안을 구성한다).

사람들은 다음 두 가지 중 한 가지 이유로 자원(시간, 돈, 에너지 등)을 투자하는 경향이 있다.

(1) 자신을 고통스럽게 하는 것을 피하거나 피해 가기 위해서, (2) 그들이 원하는 것을 얻거나 그것을 향해 나아가기 위해서다. 위에서 요약된 잠재 고객들의 소비 습관을

고려할 때, 코칭하는 것과 고객을 유치하는 것은 매우 다른 두 가지 기술이라는 사실(내 경험으로 후자는 대부분 코치에게는 개발이 부족하거나 존재하지 않는 기술)이다. 그리고 이 주제가 학술 문헌에 거의 언급되어 있지 않다는 점이다. 이러한 것을 고려하여, 실존주의에 뜻이 있는 코치가 고객을 꾸준히 창출하기 위한 첫 번째 단계를 어떻게 수행하고, 이미 코칭 비즈니스가 확립된 코치가 실존주의 틈새 영역을 그들의 비즈니스에 어떻게 차별화된 판매 소구점으로 제공하는지를 학습하도록 돕고, 마케팅과 홍보를 위한 새로운 길을 열 수 있는 몇 가지 기본 전략을 요약하고자 한다.

성장하는 코칭 비즈니스를 구축하는 것은 특정한 접근 방식에 상관없이 비슷한 방식으로 작동하기 때문에, 나는 고객을 끌어들이기 위한 일반적인 방법을 제공하겠지만 대체로 실존주의 틈새 코칭에 초점을 맞출 것이다. 내 배경은 마케팅이나 영업이 아니며 기업가적 기술과 사고방식을 개발해야 할 위치에 있기 때문에, 여기에 제시된 기술과 제안은 종합적인 것이 아니다.[1] 따라서 실존주의 코칭을 소개하는 이 책의 성격에 따라, 추가적인 탐색을 위한 단순한 출발점으로 적용해야 한다. 나는 아니마스의 설립자이자 코칭 분야에서 내가 가장 좋아하는 기업가 가운데 한 명인 닉 볼턴Nick Bolton에게 배운 것, 그리고 챈들러Chandler와 리트빈Litvin(2013), 바이너척Vaynerchuk(2018), 헤이든Hayden(2013), 브라운-볼크만Brown-Volkman(2003), 코넬리우스Cornelius(2013), 카돈Cardone(2012), 리스Ries와 트라우트Trout(1994, 2001) 그리고 고딘Godin(2005)의 아이디어와 전략을 반영할 것이다.

마케팅, 브랜딩, 판매에 관한 엄청난 양의 가용한 자료들 앞에서 나는 내가 그 상황을 더 잘 이해하고, 실존주의 코치로 내 위치를 정하고, 항상 내 의사결정에 앞서 최선의 고객 이익과 함께 윤리적이며 진실한 방법으로 내 판매 기술을 연마하도록 충분한 고객을 끌어들이는 데 도움을 준 몇 가지 출처를 제안하고 싶었다.

쉬어가기

당신의 현재 지식과 경험을 이용하여, 당신의 (실존주의) 코칭 수행을 위한 고객들을 찾는 데 도움이 될 많은 방법을 브레인스토밍하라.

관계 – 결정적으로 중요한 것(part II)

이제 시작하기 전에 내가 그 과정에서 배운 것을 공유하고자 한다:

"사람들은 제품과 서비스를 구매하지 않는다 – 사람들은 사람을 구매한다people buy people."

내가 의미하는 것은 당신의 코칭이 다른 사람의 발전에 적극적으로 방해가 되지 않는 한, 고객들은 그 안에서 가치를 발견할 것이라는 점이다. 흔히 당신의 고객이 놀라운 결과를 얻기 위해 와서 고객의 이야기를 듣는 것만으로도 충분하다. 거기에 당신이 덧붙이는 코칭 기술로 관계의 경험과 가치를 더해줄 것이다. 그렇지만 만약 당신이 관계를 제대로 가지면 당신은 이미 코칭의 반을 지나온 것이다. 맥케나McKenna와 데이비스Davis(2009)는 코칭에서 30%의 성공이 코치와 고객 사이의 관계에서 기인할 수 있으며, 40%가 당신이 통제할 수 없는 외부 요인에 기인하고 있기 때문에 당신은 말 그대로 절반 정도라고 제시한다. 또한 그들은 고객의 기대치가 성공의 15%를 구성한다고 제안한다. 즉 만약 여러분이 올바르게 브랜딩하고, 올바른 환경을 만든다면, 이것이 여러분이 영향을 미칠 수 있는 성공의 또 다른 4분의 1을 차지한다. 따라서 특정한 코칭 접근법, 당신의 코칭 기술, 그리고 당신이 묻는 질문, '당신이 듣는 방식과 이론적 기반'은 단지 15%만 인정받을 수 있음을 의미한다.

맥케나와 데이비스의(2009) 작업은 수천 개의 연구와 성공한 심리치료에 관한 많은 메타분석(Asay & Lambert, 1999; Lambert & Barley, 2002)에 기반을 두고 있지만, 실존주의 코칭이 다른 코칭 접근법보다 이 영역에 훨씬 더 가깝다는 것을 고려하면, 그 숫자가 이론적으로 명확하다고 주장하는 것은 터무니없는 일이다. 그런데도 그것은 중요한 추세를 보여주는데, 그것은 관계가 이 방정식에서 가장 중요한 요소라는 것이다. 따라서 고객과 좋은 관계(작업 동맹 같은)를 만들 수 있는 코치는 코칭 능력이 뛰어난 코치보다 두 배나 귀중한 기술을 가진 것이다.

만약 우리가 지금 영업 관점에서 관계를 고려한다면, 잠재 고객(당신의 서비스나 상품에 관심이 있는 사람들)과의 관계가 좋은 사람들은 당신의 코칭을 구매할 가능성이 더 높다. 게다가 이미 당신과 좋은 관계를 맺고 있기 때문에 그들은 훨씬 더 많은 결과를 기대할 것이다. 희망과 플라시보가 15%를 기여하기에, 시작하기도 전에 실제로 고객들은 코칭에서 더 많은 것을 얻을 가능성이 매우 높다는 것을 의미한다. 이것이 많은 코치가 개인 브랜드, 네트워킹, 지명도, 명성을 쌓기 위해 많은 에너지와 자원을 투자하는 이유다. 그리고 많은 세일즈맨이 조작된 페르소나와 세련된 개성personalities과 생활양식에 근거하여 거짓 약속을 하는 것은 사실이지만, 코치로서 당신은 단순히 판매만 하는 것이 아니라 자신만의 길을 갈 수 있다. 실제 관계를 영업한다는 것은 판매의 시작일 뿐이다. 그리고 이것은 진정성과 진실성이 없으면 결국 실패할 것이다. 당신이 더 진실되게 자신을 내놓을 수록, 당신은 진정한 연결을 만들고 잠재적인 고객들과 관계를 형성하는 데 더 성공적일 것이다.

일단 이런 방식으로 자신과 타인을 연결하는 것을 배우거나 허용하면 당신은 가장 중요한 단계를 익히는 것이 된다. 나머지는 당신이 제공하는 것에 대해 어떻게 말하고, 당신의 잠재 고객이 서비스에 지불할 돈을 절약하는 것보다 코칭받는 것이 그들에게 더 소중할 것이라는 점을 알 수 있도록 어떻게 포지셔닝하는가를 배우는 과정이다. 그렇지만 기본적인 것부터 시작해서 어떻게 그런 관계 형성을 시작할 수 있는지 생각해 보자.

고객을 얻는 방법

새 고객을 발견하는 방법에 관한 다음 리스트를 고려하라.
- 기존 고객들의 입소문word-of-mouse
- 친구, 코칭 영역 외 동료, 동료 코치 및 지인 등이 전파하는 입소문
- 다른 프랙티셔너(다른 분야의 코치, 치료사, 상담사, 멘토, 컨설턴트)의 추천
- 기타 전략적 파트너(예: 조직, 기관, 복지센터, 학교 등)
- 지역 모임, 네트워킹 그룹 또는 정기적인 커뮤니티 모임
- 웹 기반 교육(웹 세미나 또는 온라인 강좌 개설)
- 면대면 워크샵
- 대중 연설
- 글쓰기(책, 전자책, 기사, 블로그, 저널, 잡지, 신문)
- 마케팅 차원의 웹 사이트 노출Marketing-aware web-

presence(SNS 및 기타 온라인 플랫폼에 코치의 직업, 열정, 특별 제안 및 일상 경험에 대해 적절하게 표현함)
- 로컬 오프라인 광고(전단지, 포스터, 게시판, 신문, DM 발송)
- 웹 기반 광고(Google 또는 소셜 미디어 광고)
- 게릴라 마케팅과 다른 창의적인 접근법들
- 이메일 마케팅(메일 리스트 구축)
- 자신의 커뮤니티를 만드는 것(지역 또는 글로벌로, 적극적인 페이스북 그룹 및 지역 모임을 운영하는 것부터 당신의 틈새영역에서 사상적 리더thought leader가 되는 것까지)

이 방법들 가운데 이미 사용하는 것은 어떤 것들인가? 왜 그것들을 사용하는가? 어떤 것을 사용하지 않으며, 왜 사용하지 않는가? 당신이 이 이유들에 대해 깊이 있게 질문하고 탐구하기를 바란다. 당신의 이유는 사실에 근거하여 확실하겠지만, 때로는 코치들과 함께 그들의 사업을 구축하거나 확장할 때, 불확실성, 자유, 책임, 용기의 부족, (가치, 신념, 세계관에 근거하여) 명확하게 정의되지 않은 이유와 당신이 누구를 끌어들이려고 하는지 확실히 파악하지 못하는 것과 같은 실존적 주제가 추진을 주저하게 하는 근원이라는 것을 발견한다.

> **쉬어가기**
>
> 이러한 전략들 가운데 어떤 것이 실존적 접근에 특히 잘 작용하는지 아는가? 어떤 것이 문제가 될 수 있는가?

추천 referrals

실존주의 코치로서 고객 수요를 창출하는 강력한 방법은 코치가 제공하는 작업의 보완, 후속 작업 또는 선행 작업에서 실존적 탐색으로 도움받을 수 있는 전략적 파트너들과 강력한 네트워크를 구축하는 것이다. 이러한 관계를 구축하는 것은 작업 강도가 높고 상당한 시간과 노력과 에너지가 소요될 수 있다. 그렇지만 장기적으로는 (파트너를 얼마나 잘 선택하느냐에 따라) 가장 안정적인 고객 흐름을 창출하는 경향이 있다.

실존주의 코칭에서는 이제 삶에 대처할 수 있고 그들의 삶에서 심각한 위기를 극복할 수 있지만, 심각한 질문^{big} $_{question}$을 회피하지 않는 숙련된 전문가와 계속 일하고 싶어 하는 고객의 치료사 또는 상담자가 추천 파트너가 될 것으로 기대할 수 있다. 또 자신의 틈새 영역의 한계에 도달했거나(예: 행동 코칭, 시간 관리 등), 더 깊은 문제를 다루지 않기로 결정했거나, 일반적으로 레퍼토리를 다 써버려 지쳤다고 느끼는 다른 코치가 될 수 있으며, 고객에게서 그들의 삶에서 더 큰 근본적인 주제를 다룰 필요성을 확인한 다른 코치, 다시 말해 인생 그 자체보다는 특정한 삶의 문제에 대해 사람들과 함께 작업하는 전문가들일 수 있다.

또 학교, 대학의 복지 부서, 개인 교사, 치유자, 멘토, 컨설턴트, 조직심리학자들, 지방의회 또는 다른 더 큰 기관들을 포함할 수 있다. 추천 의뢰 수수료는 일반적 수준이지만 개별적으로 협상할 필요가 있으며, 이 섹션의 범위를 넘어서며, 복잡한 요인에 따라 달라진다.

연습 삼아 될 수 있는 대로 많은 잠재적 전략 파트너를 확인해보라. 이들 각각에 대해, 실존적 작업이 어떻게 그들이 제공하는 서비스에 대하여 보완, 기여 또는 이상적인 후속 조치로 나타낼 수 있는지를 상세하게 설명하라. 그들이 일하는 과정과 그들의 목표 고객에 관해 약간의 조사를 해야 할 필요가 있다. 이렇게 하는 가장 좋은 방법은 (관계 형성을 시작함과 동시에) 직접 그들과 대화하는 것이다. 자신의 이익만을 추구하는 것으로 생각되지 않도록 하라. 좋은 전략적 파트너는 유사한 방식으로(상호 참조를 통해 또는 의뢰 수수료를 통해) 서로에게 이익을 준다. 이 초기 단계에서는 서로 이익이 되는 작업을 함께 할 수 있는 잠재적 옵션과 함께 그들 작업에 관심을 갖고 호기심을 가지면 된다(그들이 제공하는 것과 함께 당신의 서비스를 어떻게 위치시킬지 계획할 수 있도록 대화가 끝날 때 또는 두 번째 모임에서 그들에게 그것에 관한 이야기를 시도하라).

단기간으로는, 실존주의 코칭으로 잠재적 혜택을 받을 수 있는 사람을 되도록 많이 목록화하는 것이 권고할 수 있는 훨씬 간단한 방법이다. 이들은 아마도 친구, 코칭 외의 동료, 동료 코치, 지인 또는 사람들이 이야기하는 사람들일 수 있고 여러분이 소개해주도록 요청할 사람들일 수 있다. 이미 당신을 아는 사람들(또는 협회에서 아는 사람들)에게 다가가서 좋은 목적의 도움을 청하는 것, 이것은 단순히 당신을 돕거나 당신에게 도움을 주는 것에서부터 사람들이 더 용감하고 성취된 삶을 살도록 돕는다는 당신의 사명에 따라 '한 번에 하나의 고객'에서 시작하여 더 나은 세상으로 바꾸는 것까지 다양할 수 있다. 당신이 접근하는 방법은 분명히 당신의 개인적인 가치, 이유, 그리고 당신이 무엇에 열정적인가에 달려있다. 진실되고, 강하고, 유익한 관계를 구축하기 위해서는 이유why를 나타내는 것이 진실되고 믿을 수 있어야 한다. 따라서 여러분이 대화하는 사람이 누구이든 감정적인 차원에서(그리고 이상적으로 가치에 근거한) 공감할 수 있는 방식으로 열정을 가지고 표현할 필요가 있다. 당신의 신념과 가치를 공유하고 당신의 장기적인 목표를 지지하는 데 열심인 사람들이 당신을 도울 가능성이 가장 높다. 나는 시네크Sinek(2011)의 『Start with Why』(그의 TED 강연에서 시작할 수 있다)와 조지George(2015)의 『Finding your True North』을 추천한다. 두 책 모두 리더십을 주제로 하고 있지만, 그 원칙은 당신이 조직의 책임자이든, 국가를 이끌던 또는 자신을 이끌던 상관없이 누구에게나 적용된다.

원하는 대상의 범위가 좁을수록, 연결 가능성이 큰 대상 그룹의 프레임워크에 대해 더 효과적인 마케팅을 계획하고 배치할 수 있다. 그러나 실존적 문제가 살아있는 누구에게나, 그리고 다른 사람들과 함께 있는 세상의 모든 사람에게 영향을 미친다는 사실을 고려하면, 실존적 작업이 도움이 될 잠재적 목표 그룹은 압도적이다. 나는 당신이 함께 일할 때 가장 많은 이익을 볼 사람들을 선택하는 것부터 시작하도록 제안한다(당신의 기준에 의해 - 당신이 지원하고 싶은 특정 산업, 높은 코칭 비용을 지불하는 그들의 능력, 실존적 작업에 대한 특별한 필요성, 당신이 그들에게 쉽게 접근할 수 있다는 사실 등). 코칭에 참여할 수 있는 사람을 누가 알고 있을지 생각해보라(따라서 당신이 일을 선택하는 방식에 따라, 그들이 심각한 위기가 발생하기 전에 개인적, 직업적, 정신적 발전에 투자할 가능성이 높은 사람들, 회복력과 방어력을 구축하고자 하는 사람들 또는 호기심을 가지고 삶을 전반적으로 개인의 특별한 철학으로 더 잘 이해하고자 하는 사람들을 생각해 보라). 당신과 당신의 추천자가 잠재적 고객을 식별하기 위해 하나웨이Hanaway(2018)의 고객 기대 리스트를 다시 참고할 수 있다. 당신이 상상할 수 있듯이, 이 목록은 수백 개에 달할 것이고 나는 당신이

미리 겁을 먹고 피하지 않기를 권한다. 추천인은 잠재 고객 앞에 설 수 있는 가장 강력한 방법이며, 제휴에 따른 신뢰로 인해 고객이 매칭 확인 전화chemistry call, 소개 세션 또는 코칭 패키지에 등록할 가능성이 가장 높다.

그룹코칭, 워크숍, 강연

이미 당신과 관계가 있는 고객은 코칭을 받기 위해 당신에게 더 쉽게 접근할 수 있다. 그것이 '차가운cold' 광고 접근보다 상호 접촉을 통한 '따뜻한warm' 의뢰나 소개가 더 잘 작동하는 이유다. 조사에 따르면, 서비스나 제품을 추천하는 사람이 낯선 사람일지라도 상호 접촉이 효과가 있음을 알 수 있었다. 그것이 추천(증언)이 효과가 있는 이유이다. 현실적으로 당신은 세계 최고의 코치가 아닐 수 있고 (정의로는 한 명만 있을 수 있음) 당신의 전문 분야에는 더 나은 훈련이나 더 많은 경험, 더 화려한 웹 사이트 또는 더 경쟁력 있는 가격을 가진 다른 코치가 있을 가능성이 매우 크다. 그러나 고객은 기본적인 신뢰 수준에 따라 이미 어떤 방식으로든 연결되어 있다고 느끼는 코치를 반복적으로 선택한다. 관계나 연계가 강할수록 경쟁자에 대해 더 많은 강점을 가지게 되고 고객이 코칭을 요청할 가능성이 커진다. 또한 자격 증명을 통해 신뢰가 쌓일 수 있지만(예: 저서, 공인 코칭 기관에 의한 인증, 관련 교육/훈련, 미디어의 존재 또는 다른 방식으로 자신을 전문가로 확립한 경우), 고객과 이미 얼마간의 시간을 함께한 사람과 대화하는 것보다 직접 만난 적이 없는 사람에게 접근할 때 고객에게는 늘 더 많은 불확실성이 있을 것이다.

따라서 새로운 관계를 형성하고 잠재적인 고객(또는 전략적 파트너)을 알 수 있는 훌륭한 방법은 이벤트에 있다. 이것들은 직업적 이유로 사람들을 모으기 위해 특별히 마련된 네트워크 이벤트일 수 있지만, 사람들이 (이상적으로 얼굴을 맞대고) 당신을 알게 하고, 당신이 누구이고, 당신이 어떤 사람인지, 당신이 말하는 방식, 태도, 몸짓, 그리고 에너지를 느끼게 한다. 만약 그들이 이미 당신과 함께 시간을 보내고 나서 대화를 통해 당신이 사람들의 인간조건을 탐색하는 것을 돕고 코칭하는 데에 열정이 있다는 것을 알게 되면, 좀 더 편하게 당신의 서비스에 대한 호기심을 보여주게 된다. 마찬가지로, 그들에게 그러한 서비스에 관심을 가질 만한 사람을 알고 있는지(그들 자신을 포함해서) 물어보는 것이 훨씬 더 쉽다. 이 과정에서 핵심은 관계에서 신뢰와 라포를 쌓고 대화를 이 방향으로 이끌 적절한 때를 파악하거나, 대화의 자연스러운 흐름 내에서 서비스를 포지셔닝하는 적절한 신호를 사용하는 방법을 배우는 것이다.

자신을 전문가로 포지셔닝하는 요소를 추가하면, (무료 또는 유료) 워크숍, 강연, 대담 또는 지역사회 또는 네트워크에 발표하면서 당신의 작업에서 제공하는 주요 메시지의 일부를 공유하고, 주제 영역에 대한 열정과 지식을 보여주고, 참석자들이 행사 기간 중에 또는 이벤트 이후에 당신에게 쉽게 연결할 수 있게 해준다. 팟캐스트, 인터뷰, 블로그 포스트, 소셜 미디어에서 전략적으로 활동할 수 있는 것(그리고 당신의 열정적인 것에 대해 목소리를 높이는 것) 그리고 더 많은 청중에게 자신을 노출하는 다른 방식(청중이 그 장소에서 당신과 직접적으로 있지 않더라도)에서도 당신과 청취자/독자/시청자 사이의 (단방향) 관계를 구축할 것이다. 따라서 그들이 당신의 서비스에 대해 더 많이 배우기 위해 다가올 가능성이 더 높아진다.

활동을 실행하는 동안 또는 실행 뒤에 연결할 시간을 만들고, 사람들이 당신과 대화를 시작하도록 권장하라. 어떤 형태의 접촉이든, 누군가는 다음 단계를 밟게 되고, 당신이 누군가와 더 오래 접촉할수록 그 관계는 더 강해질 것이다. 이러한 이벤트를 구상하고 조명받을 기회를 창출하거나, 소셜 미디어 또는 메일링 리스트를 통해 충성스러운 팔로우를 만들거나, 특정 틈새에서 사고력 있는 리더나 전문가로 포지셔닝하기 위해서는 특별한 기술이 요구된다는 점을 알아야 한다. 다시 말하지만, 이 책은 종합적인 안내서를 제공하기 위한 것이 아니며, 여기서의 주요 메시지는 이러한 기술에 대해 여러분 자신을 교육하고, 밖으로 나갈 용기를 내고, 여러분이 제공하는 서비스의 가치를 믿는 것이다. 고객에게 가치를 제공하기 위해서는 최상의 서비스가 될 필요가 없고, 충분한 정도 good enough로도 지금 바로 시작할 수 있다는 점을 기억하라. 자신이 최고이거나 가장 적합한 사람인 척할 필요는 없다. 흔히 단지 그 장소에 있게 되고, 관계를 형성하는 것으로 충분하다. 생각해보면, 많은 로맨틱한 파트너십이 이와 같은 방식으로 형성된다.

> **쉬어가기**
>
> 당신이 참여할 수 있는 지역 네트워크 이벤트, 컨퍼런스 또는 모임 등 참여를 즐길 수 있는 여러 커뮤니티 그룹을 브레인스토밍하라. 당신이 그 그룹 내의 다른 사람들보다 어떤 주제에 대해 더 많이 알고 있는지 생각해 보라(당신이 무엇인가에 빠져 있다면 다른 사람보다 더 많이 알고 있을 가능성이 있다). 그리고 이것이 코칭과 관련이 있을 필요도 없다. 내 경험에 따르면, 사람들이 행동하거나 관심을 갖는 것은 실존적 주제와 어떤 방식으로든 관련이 있기 때문에, 당신은 항상 당신의 코칭 작업과 연결시킬 수 있다.

광고

당신의 사업에 대해 깊이 생각하고, 당신만의 차별화된 판매 소구점unique selling point, 당신이 제공하는 주요 성과 또는 당신이 해결책을 제시하는 문제들, 당신의 대상 그룹이 누구인지 알고 또 그 과정에 투자할 약간의 예산이 있을 때 광고는 가장 효과가 있다. 어떤 형태의 광고는 무료이며, 서비스를 저렴하게 또는 무료로 하는 많은 창의적 마케팅 방법이 있지만, 대부분은 광고 공간을 위해 비용을 지불

해야 할 것이다. 가격 구조에 따라 당신은 결국 광고 투자에 대한 수익을 얻을 수 있고 이것이 성공적인 광고 캠페인의 목표다. 일단 당신의 사업을 위한 방법을 찾으면 (예: 고객으로 전환하도록 설계된 전문 웹 사이트가 있을 때의 Google 광고, 또는 지역 카페의 공통 관심사, 그룹 또는 지리적 위치 또는 광고 게재 위치를 공유하는 잠재 고객을 대상으로 설정하는 경우의 페이스북Facebook 광고 또는 신문, 무역 잡지 또는 심지어는 우편이나 전단지를 통해) 상담을 찾는 잠재 고객의 꾸준한 유입을 만들 수 있다. 그러나 올바른 전략을 찾는 과정은 비용이 많이 들 수 있으며, 광고는 타겟 고객층이 원하는 것 또는 피하려는 것의 핵심에 집중할 필요가 있다. 조금씩 늘려가며 실험하고, 효과를 기록한 다음 꾸준히 전략을 조정하는 것이 좋다. 비즈니스 코치, 마케팅 또는 브랜딩 컨설턴트와의 협력은 대부분 코칭에서 성공의 전제 조건은 아니지만 프로세스 속도를 크게 높일 수 있다는 점에서 유용할 수 있다.

틈새시장에 대하여

당신이 여러 번 들어왔던 메시지는 당신만의 '틈새영역'을 찾아야 한다는 것이다. 많은 코치(젊었을 때의 나를 포함)는 이것을 당신의 이상적인 고객이 누구인지 되도록 자세히 정의해야 하는 것으로 이해하는 것 같다(힌트: 내 마케팅 컨설턴트는 그것이 비슷한 특징characteristic, 가치, 신념, 흥미와 경험을 가진 당신 자신의 버전이라고 자주 조언했고, 나는 이러한 추세가 많은 프랙티셔너를 통해 사실인 것을 보아왔다).[2] 정의적 측면에서 보면 나이, 지리적 위치, 직책, 산업, 세계관, 그들이 사용하는 언어, 쇼핑 선호도, 소속 그룹, 인터넷 검색 기록 및 목록이 포함될 수 있다. 당신이 도달하려고 노력하는 청중의 범위가 좁을수록, 좀 더 직접적으로 그들을 타겟팅하여 당신의 메시지를 그들에게 맞추고 그들의 특정한 문제와 욕구에 관해 이야기할 수 있다.

그렇지만 당신이 서비스를 제공하는 사람들 너머에 있는 틈새영역은 당신이 해결하는 특정한 문제(예: 실존적 위기 방지, 당신의 직업에서 벗어나기 또는 삶의 공허함을 채우기)나 당신이 만들어내는 결과(실존적 회복, 용기 있게 살거나, 그것을 현실로 유지하는 것)일 수 있다. 또한 당신이 제공하는 서비스, 프로세스, 경험(실존주의 코칭은 여전히 매우 작은 틈새이다) 또는 단순히 한 개인(정의에 따르면 당신과 같은 사람은 아무도 없고, 당신이 더 많이 다를수록 당신은 코치로서 더 돋보일 것이다)으로서의 당신이 될 수도 있다.[3]

> **쉬어가기**
>
> 당신이 생각할 수 있는 고객들을 끌어들이는 다른 방법은 무엇인가? 어디서 더 배울 수 있는가? 코칭 업계나 성공적인 기업가정신에 관한 당신의 롤모델은 누구인가? 더 많은 고객을 확보하려는 자신의 접근 방식에 영감을 얻기 위해 누구와 이야기할 수 있는가?

물론 성공적인 사업을 운영하기 위한 많은 방법이 있고, 위의 방법들은 단지 가능한 것들을 표면적으로만 제시할 수 있다. 그런데도 나는 당신의 발전하는 실존주의 코칭 서비스로 고객들을 끌어들이는 몇 가지 기법, 방법, 아이디어를 갖출 수 있기를 바라며, 이 장 처음에 언급했던 출처들은, 성장하는 실존주의 코칭 실행을 구축하기 위해 필요한 기술을 획득하기에 좋은 출발점이 될 것이다. 나는 이 기술이 좋은 코치가 되기 위해 필요한 것과는 상당히 다르다는 것을 인정한다(그리고 일부는 직관에 반해 보일 수 있다). 그렇지만 나는 코치들이 고객들에게 진정한 승-승win-win 결과를 만들어내기 위해서는 진정성을 가지고 정직하며 진실한 방법으로 자신을 마케팅하는 방법을 배우는 것이 중요하다고 생각한다. 나는 수백 명의 고객, 코치, 학생, 수퍼바이지supervisee들을 통해서뿐만 아니라 직접적으로도 우리가 제공하는 가치가 흔히 고객들의 기대를 초과하는 경우가 많고, 우리가 부과하는 코칭비를 평생 머무는 혜택과 비교한다면, 코치는 거의 항상 계약에서 손해를 보는 듯하다. 그러나 돈 외에도, 고객과 그들의 주변 사람들에게 차례로 그러한 긍정적이고 생산적인 효과를 촉진하는 순수한 기쁨은 코치가 추구할 만한 가치가 있는 것이다. 이 깨달음은 확실히 내 사고방식을 움직였고, 이제는 지난 10년 동안 배운 것을 더 넓은 공동체에 제공할 의무가 있다고 느꼈다. 나는 만약 더 많은 사람이 세계와 그들 자신에 대한 실존적 이해를 선택하고, 그들의 소여를 마주하고, 그들이 믿는 것을 탐색하고, 삶을 가치 있게 만드는 것으로 인간조건을 수용하고, 용기 있게 선택한다면, 세상은 더 나은 곳이 될 것이고, 적어도 우리는 경험에서 더 많은 것을 얻을 것으로 믿는다. 따라서 만약 누군가가 철학적 질문이나, 세상과 사람들의 행동을 더 잘 이해하고자 하는 욕구, 또는 실존적 주제와 연관되어 있는 것 같은 딜레마에 대해 호기심을 표현하는 말을 듣는다면, 저기 어느 곳에 도움이 있다는 것을 꼭 알려주고 싶다(만남의 내용이 적절하다면 나를 포함하여).

Note

1. 나는 사업보다는 사람들이 더 잘 살 수 있도록 돕고자 하는 열망과 그 과정에 대한 열정으로 코칭에 들어왔으며, 누군가가 훈련 초기에 내가 코치가 되려면 반드시 기업가가 되어야 한다고 지적해 주었으면 좋았을 것이다. 나는 이제 아주 많은 훌륭한 코치가 새 고객을 찾는 것이 너무 힘들어 결국 현재의 고객들만으로 작업을 끝내거나 공식적으로 코칭을 포기하는 모습을 보는 것이 고통스럽기 때문에 훈련 시작부터 학생들에게 이 점을 분명히 한다.
2. 나는 다양한 특징과 직위의 사람들과 함께 일하는 동안 가장 끌리는 것처럼 보이는 사람들이 자주 여러 면에서 나와 상당히 비슷하다는 것을 깨달았고 나는 그 일을 매우 즐긴다. 그것은 또한 당신이 마음에서 우러나는 말을 할 수 있으므로 이 대상 그룹에 마케팅하는 것이 쉽다.

우리는 우리와 비슷한 사람에게 끌리고, 따라서 가치와 신념을 같이 나눌 때 유대가 빨리 형성되어 관계를 강화한다. 그러나 이것은 자신의 경험에 근거하여 가정하기 쉽기 때문에 미묘한 상황tricky situation이 된다. 그리고 만약 당신이 이러한 마케팅 과정을 실행하기로 선택한다면 나는 정기적인 수퍼비전과 함께 지속해서 신중하게 성찰ongoing reflection하기를 권한다.

3. 수년 동안 나는 직업적 네트워크에서 롱보드(스케이팅의 한 형태)에 대해 열정적이라는 것을 숨기고 있었다. 나는 사람들이 스케이트보드와 관련해서 가질 수 있는 고정관념을 바탕으로 나를 판단할까 두려웠다. 언젠가 거기서 스케이트를 타지 않았더라면 놓쳤을 네트워킹 이벤트 며칠 뒤, 주최자가 평생 잊지 못할 '스케이트보드 코치'를 언급하는 개인 브랜딩에 관한 블로그를 작성했을 때, 나는 남들이 이상하게 여길지도 모르는 내 성격의 일면을 더는 숨기지 않기로 결심했다. 세스 고딘Seth Godin의 『보랏빛 소가 온다Purple Cow』 원칙과 게리 바이너척Gary Vaynerchuk의 성공 스토리는 이러한 점에서 좋은 참고가 된다.

참고문헌

Asay, T.P., & Lambert, M.J. (1999). The empirical case for the common factors in therapy: Quantitative findings. In M. A. Hubble, B. L. Duncan & S. D. Miller (eds), *The Heart and Soul of Change: What Works in Therapy*. Washington, DC: American Psychological Association.

Brown-Volkman, D. (2003). *Four Steps to Building a Profitable Coaching Practice: A Complete Marketing Resource Guide for Coaches*. Lincoln, NE: iUniverse.

Cardone, G. (2012). *Sell or Be Sold: How to Get your Way in Business and in Life*. Austin, TX: Greenleaf Book Group Press. [I recommend the audio book, and to be aware that he is going to try and sell you more of his services and products while reading.]

Chandler, S., & Litvin, S. (2013). *The Prosperous Coach*. Anna Maria, FL:

Maurice Basset.

Cornelius, C. (2013). *One in Ten: How to Survive your First Ten Years in Business*. Compton: Appletree Publications.

George, B. (2015). *Finding your True North*. Hoboken, NJ: John Wiley & Sons.

Godin, S. (2005). *Purple Cow: Transform your Business by Being Remarkable*. London: Penguin Books.

Hanaway, M. (2018). *Existential Coaching Skills: The Handbook* (2nd edition). Guernsey: Corporate Harmony.

Hayden, CJ. (2013). *Get Clients Now! A 28-Day Marketing Program for Professionals, Consultants, and Coaches*. New York: Amacom.

Lambert, MJ. & Barley, D.E. (2002). Research summary on the therapeutic relationship and psychotherapy outcome. In 1. C. Norcross (ed.), *Psychotherapy Relationships that Work: Therapist Contributions and Responsiveness of Patients*. New York: Oxford University Press.

McKenna, D., & Davis, S.L. (2009). Hidden in plain sight: The Active Ingredients of Executive Coaching. *Industrial and Organizational Psychology*, 2, 244-260.

Ries, A., & Trout, J. (1994). *The 22 Immutable Laws of Marketing*. New York: HarperBusiness.

Ries, A., & Trout, 1. (2001). *Positioning: The Battle for Your Mind*. New York: McGraw-Hill.

Sinek, S. (2011). *Start with Why: How Great Leaders Inspire Everyone to Take Action*. London: Penguin Books.

Vaynerchuk, G. (2018). *Crushing It! How Great Entrepreneurs Build their Business and Influence-and How You Can, Too*. New York: Harper Business.

요약

실존철학에 관한 짧은 코칭 책이 이처럼 크고 복잡한 주제 영역의 단지 표면만 건드릴 수 있다는 것은 너무나 당연하다. 그렇지만 나는 이 책에서 언급한 실존주의 사상가들이 요약한 인간조건human condition의 기본적 견해를 개인적으로 경험할 뿐만 아니라(이론을 특정한 삶의 상황에 연결하거나 어떤 연습을 통해) 지적으로 파악할 수 있도록 약간의 인식의 문을 열 수 있기를 희망한다.

만약 당신이 경험이 풍부한 코치라면, 나는 당신의 코칭룸에 이러한 주제를 가져갈 수 있기를 바라며, 암묵적이든 명시적이든, 당신의 작업과 궁극적으로 내가 제시한 이론, 개념, 도구와 기법을 통해 당신 고객들의 삶에 가치를 더하기를 바란다. 당신이 신규 코치라면 이러한 흥미롭고 새로운 분야에서 더 많은 훈련을 탐색하는 것으로 당신의 관심을 충분히 자극할 수 있었을 것이다. 실존적 질문을 고심하기 위해 사람들(코치, 고객 또는 다른 사람들)을 위한 공간을 제공하는 것은 매우 도전적인 일이지만, 또한 가장 보람 있는 활동으로 생각할 수 있고, 그것으로 생계를 유지하는 것에 감사를 느낀다. 실존주의 렌즈를 통해 특정 내용을 보는 것은 항상 새로운 가능성을 열어주며 더 오래 지속되고 더 의미 있는 변화를 만든다.

당신의 코칭 경험과 상관없이, 나는 우리가 인간조건을 마주하고, 얼마간 그것과 함께 앉아 있을 용기를 개발하고, 심연을 들여다보고, 그런 탐색과 함께 오는 섬뜩한 불안이 있는데도 중요한 질문의 일부를 고려할 수 있도록 허락할 때, 우리는 더 풍요로운 삶을 산다고 믿는다. 그러므로 이 책이 편안함을 추구하는 데에 대한 구체적이고 바람직한 대안을 제시하기를 바란다. 그리고 그것이 전문적인 코치로서든 일반적인 인간으로서든 앞으로 나아가는 삶에서 더 용기 있는 결정을 내리는 데 도움이 되기를 바란다.

더불어 당신이 단지 관리하고 수용하는 것만이 아니라 당신의 존재 전체 영역을 포용하도록 격려하기 위해, 우리의 일반적인 인간조건과 특별한 실존적 소여에 대해 충분히 긍정적인 시각을 제공할 수 있었기를 희망한다. 행복에 대한 개념을 편안함, 안전, 긍정적인 감정을 경험하는 것에서 벗어나 의미 있는 방법으로 삶에 더욱 도전하는 경험을 포함하여 앞으로 나아가는 것으로 다시 생각해보는 것은 우리가 지속적인 행복이라고 부를 수 있는 상태를 실제로 이룰 수 있게 해줄 것이다.

고객이 코칭 룸으로 들어갈 때 자신들의 현재 목표나 문제에 관계없이 궁극적으로 자기 자신 또는 세계에 대하여 좋은 감정이나 더 나은 것을 찾는 경향이 있다. 이러한 목표들이 각각의 실존적 차원에서 어떻게 경험하는지와 필연적으로 연결되는 것을 보여주는 것이 내 목표였다. 그래서 복잡한 인간 관계에서의 통찰력은 대화의 한 부분이 되거나 또는 적어도 더 깊은 수준에서, 더 많이 공감하고, 더 진실되게 연결하고, 그들이 삶에서 더 용감하고 보람 있는 결정을 내리도록 도움으로써 적어도 더 깊은 수준에서 보여줄 수 있도록 도울 수 있다.

끝으로 모든 코치는 자신만의 고유한 방법으로 훈련할 것이고 실존주의 코칭을 위한 최상의 방법이 있는 것은 아니라는 것을 명확하게 하고 싶다. 이것은 오히려 고객과 함께하고 인간조건에 대해 공유된 기본적인 가정들을 가지고 그들이 코칭 공간에 가지고 오는 것이 무엇이든지 탐색하도록 돕는 방식이다. 실존주의의 틀 안에서 당신은 자신의 일을 자유롭게 할 수 있다. 이것은 장려될 뿐만 아니라 불가피하다. 나는 너무 많은 코치가 인정받은 지침서를 따르고 성공적인 실행 방법 세트와 '입증된' 과정을 적용하려고 노력하는 것을 본다. 당신의 전문가 여정을 시작하는 데 도움이 되겠지만(그리고 사실 새내기 코치에게 되도록 많은 과정을 실험해보라고 해왔다), 나는 우리가 되도록 많은 코칭 방법을 혼합하여 소개하기 전에 누군가와 먼저 함께하는 것을 배울 때만이 진정으로 인간으로서 연결될 수 있다고 믿는다(따라서 코칭 관계의 진정한 힘을 발휘한다). 인간조건에 대한 이해는 그러한 노력의 핵심에 놓여있다.

코칭 실행에서 당신은 당신이 이해하는 실존주의 코칭과 다른 접근 사이의 의미 있는 선을 긋고, 그것을 당신의 현재 코칭 스타일에 어떻게 통합하는가에 대하여 생각하고, 새로운 실존적 보석을 당신의 도구 상자에 채우게 되었다. 그렇게 하여 이제 당신은 실존주의 철학이 당신의 코칭 실행 고객과 함께 하는 방법에 대해 알려주는 지식을 갖게 되었다. 여기서부터는 연습이 전부이다. 이것은 용기를 가지고, 자신을 드러내는 것을 의미한다.

새로 코칭을 접하는 사람들이 마지막 장에서 제공한 비즈니스적 조언을 통해 좋은 출발을 할 수 있기를 바라며, 경험이 많은 사람은 새로운 아이디어를 더 많이 모으기를 희망한다. 나는 모든 수준의 성공과 경험을 가진 코치들이 새로운 단계를 시험하는 것처럼 한두 명의 연습 고객을 두기를 권한다(훈련 윤리적으로 주의해서 계약하라). 실생활 환경에서 지속적인 전문성 개발은 부끄러운 일이 아니다. 반대로, 그것은 배우고 발전하려는 당신의 의지를 전달하고, '특별 할인으로 파일럿 프로그램'을 홍보할 절호의 기회로, 코치가 윤리적인 방법으로 (고객의 사전 동의를 얻어) 통상적인 방법practice-as-usual의 안전한 하늘을 떠나 미지의 바다로 들어갈 수 있게 한다. 내 훈련 과정을 거친 코치들은 흔히 새로운 섬을 발견했고, 어떤 경우에는 결코 돌아오지 않을 새로운 세계를 발견했다.

당신의 여정에서 최고의 성공을 기원하며, 이 책을 읽는 데 시간을 내 준 것에 감사를 표한다. 실존적 접근에 대한 당신의 관심에 진심으로 감사하며 우리가 함께 코칭에서 고객들에게 실존적 접근의 가치에 대한 인식을 높일 수 있기를 바란다.

나는 실존적 작업이 한 번에 하나의 고객 또는 코치가 우리 지역사회와 세계에 전반적으로 미칠 파급효과를 믿는다. 여러분의 생각과 의견을 듣고 싶으며, 이를 위해 앞으로의 행사나 온라인으로 여러분과 연락하고 싶다.

With love

색인

ㄱ

강력한 질문powerful questions 57, 167
가정 없음zero assumptions 163
경계boundary 25, 30, 67
경계상황boundary situation 81, 130, 131, 132, 146
개념 지도conceptual map 124
개념화 코칭coaching as conceptualised 57
개인 특성의 기반foundation of character 93
객관적 진실objective truth 160
게릴라 마케팅guerrilla marketing 231
고립isolation 46, 77, 113
관계relationship 11, 26, 30, 37, 42, 45, 48, 58, 59, 60, 76, 85, 91, 105, 111, 112, 115, 116, 118, 131, 132, 144, 145, 147, 151, 158, 159, 163, 167, 169, 171, 172, 173, 175, 176, 177, 178, 182, 186, 189, 190, 192, 193, 194, 196, 202, 203, 205, 206, 208, 209, 216, 220, 227-230, 232, 234, 237, 238, 239, 240, 251, 252
괄호치기bracketing 166, 197

긍정심리positive psychology 38
긍정심리학positive psychology 19, 23, 29, 31, 32, 33, 35, 39, 152
긍정적 정서positive emotions 27
제2의 물결second wave positive psychology 16, 33, 152
긍정적 착각positive illusion 115

ㄴ

나쁜 믿음bad faith 103, 104
네 가지 차원four dimensions of existence 108-129
    물리적physical dimension 108
    사회적social dimension 113
    심리적/개인적psychological/personal dimemsion 117
    영적spiritual dimension 122

ㄷ

뒷문을 통한 치료therapy through the backdoor 92
딜레마dilemma 23, 37, 46, 51, 81, 88, 90, 108, 132, 139, 142, 157

ㅁ

마음챙김mindfulness 89
매칭 확인 전화chemistry call 190, 237
매트릭스The Matrix 148
맹점blind spot 52, 73, 120, 159, 171
미루기procrastination 91, 141, 158
믿음의 도약leap of faith 140, 147

ㅂ

바꿔말하기paraphrasing 191
변증법the dialectic principles 113
  테제thesis 114
  안티테제antithesis 114
부버Martin Buber 79, 80, 144, 151
부조리absurdity 12, 37, 124, 125, 143, 163, 182, 206, 207, 208
불구하고trotzdem(in spite of) 147
불안anxiety 181, 208
브라케팅 가정bracketing assumptions 58

ㅅ

사고 체계mental framework 172
사르트르Jean-Paul Sartre 80, 104, 115, 138
상담counselling 35, 54, 66, 71, 84, 92, 223, 242
성과 중심 코칭performance coaching 34
성과 향상increasing performance 89
소셜 미디어social media 231, 239, 240
소외감alienated 81
소크라테스Socrates 30
수평화horizontalisation 과정 160
시간관리time management 86, 89
시간성temporality 77, 108, 111, 112, 158, 192
신앙의 기사들knights of faith 148

실존적 코칭existential coaching 157-200
  가정assumptions 93
  실존적 불안existential anxiety 78, 82, 102, 104, 106, 130, 131, 143, 146, 154, 208
  실존적 해결existential solution 121
  실존적 질문existential question 91, 250
  실존적 관심existential concerns 87, 91
  실존적인 관점existential lens 87
  큰 질문big question 39, 84, 86, 88, 89, 90, 128
실존적 프레임워크existential framework 35, 36
  던져짐thrownness 77
  세계관world view 14, 45, 47, 49, 59, 81, 87, 89, 94, 96, 98, 113, 117, 118, 124, 127, 128, 131, 139, 141, 142, 145, 159, 161, 162, 166, 168, 171, 172, 184, 185, 190, 194, 195, 206, 207, 209, 218, 231, 243
  실존적 주제existential theme 16, 79, 96, 139, 157, 192, 206, 210, 215, 216, 220, 221, 232, 241, 246
실존적 회복력existential resilience 106, 129
실존주의of existentialism 6, 7, 12, 13, 16, 17, 18, 19, 20, 21, 22, 23, 27, 35, 37, 38, 39, 43, 44, 46, 47, 48, 49, 50, 51, 65, 67, 71, 72, 73, 74, 76, 77, 79, 80, 81, 83, 84, 87, 88, 89, 90, 91, 92, 93, 94, 95, 97, 98, 101, 105, 108, 112, 120, 121, 124, 126, 129, 131, 136, 141, 144, 145, 146, 151, 164, 168, 170, 181, 182, 188, 189, 190, 191, 193, 194, 195,

198, 201, 203, 204, 208, 209, 210, 215, 218, 219, 220, 225, 226, 228, 232, 233, 234, 244, 245, 249, 251, 252, 253
존재existence 11, 12, 13, 25, 28, 34, 36, 39, 44, 45, 49, 50, 51, 59, 71, 74, 75, 76, 77, 78, 81, 82, 83, 84, 89, 97, 101, 105, 106, 108, 109, 110, 121, 124, 125, 129, 130, 132, 134, 135, 138, 144, 145, 146, 147, 150, 158, 159, 171, 172, 173, 174, 184, 185, 190, 195, 196, 203, 205, 220, 238, 250
　존재의 순수한 뼈대the bare backbones of existence 75
　존재론ontology 76
　탈동일시disidentification 76
쇠렌 키르케고르Sören Kierkegaard 141, 144, 147, 148, 149

ㅇ

아니마스Animas 16, 38, 39, 48, 226
알지 못함not knowing 32, 37, 41, 104
여행 동반자fellow traveler 96, 169
온전한 사람whole person 87
온톨로지 코칭ontology coaching 72
요약하기summarising 57
이메일 마케팅e-mail marketing 231
이방인the stranger 124, 126, 149
인간 경험human experience 7, 18, 51, 124
인간조건human condition 18, 41, 50
인간의 본성human nature 94
인간의 소여human givens 45
　고립isolation 45, 46, 77, 113
　불확실성uncertainty 19, 32, 46, 77, 79, 104, 106, 118, 133, 134, 135, 139, 140, 141, 142, 149, 150, 207, 231, 238
　시간성temporality 12, 77, 108, 111, 112, 158, 192
　의미 결정meaning-making 77
　자유/선택/책임freedom/choice/responsibility 206
　진정성authenticity 22, 29, 37, 46, 59, 60, 77, 78, 117, 120, 121, 122, 167, 182, 192, 195, 206, 207, 208, 209, 229, 245
　필멸, 죽음mortality 77
임포스터 증후군Imposter syndrome 212
입소문viral/word-of-mouth 230
위버멘쉬/초인ubermensch/superman 102, 205, 208
의미/가치/목적meanings, values and beliefs 84
의미 지도meaning map 127, 128, 195

ㅈ

자기 감각sense of self 117, 118, 119
자기개념self-cencept 177
자기 기만self-deception 73, 128, 130
잠재적 고객potential client 93, 236
잡담idle talk 104
저주받은 자유condemned to be free 142
적극적 경청active listening 57
적응adapt 27, 82, 102
전인적a person as whole 89, 220
정신적 상자mental box 165
정신적 선반mental shelf 165
주파수frequency 162, 163
지지 대 대항supporting versus confronting 61

ㅊ

철학적 컨설팅philosophical consultancy 71
책무accountability 136, 141
책임responsibility 73, 74, 77, 104, 136, 137, 138, 139, 141, 158, 168, 169, 170, 181, 183, 187, 189, 190, 194, 196, 197, 201, 204, 206, 209, 219, 221, 231

ㅋ

카뮈Albert Camus 80,' 124, 126
코칭coaching 53-70
    코칭의 기원origin of coaching 54
    이너게임inner game 55
    존 휘트모어John Whitmore 55
    활동 정의working definition 63
    코칭 범위scope of coaching 66
코치의 역할the role of the coach 61

ㅌ

타인others 47, 59, 66, 77, 113, 115, 146, 151, 171, 192, 206, 208, 229
탐색 대 제안exploring versus suggesting 61
틈새영역niche market 231, 243
틸리히Paul Tillich 79, 80, 144, 147

ㅍ

판단중지bracketing 163, 164, 198

팟캐스트pod casting 239
편안함comfort 51, 82, 147, 150, 196, 250, 251
포지셔닝positioning 229, 239, 240
페르소나persona 229

ㅎ

하이데거Martin Heidegger 77, 79, 80, 104, 138
현상학적 질의phenomenological inquiry 160, 162, 179
호기심curiosity 14, 15, 18, 25, 26, 34, 96, 163, 236, 239, 246
핵심 실존 주제core existential concerns 46
행동 계획action plan 168, 197
행동 지향적인 코칭 구조action-oriented structure of coaching 261
행동적 접근behavioural approach 87
회복력resilience 34, 92, 106, 129, 224, 236

A

CREATE 188, 189, 193
GROW 188
GROW 모델GROW model 40, 55
MOVER 193, 194
SMART 56

추천사

코칭은 인간 존재의 역설에 관심을 두고 인간 존재의 시련과 고난을 철학적 방법으로 다루는 법을 배울 때 많은 깊이를 얻는다. 야닉 제이콥은 이 책을 통해 이것을 명확하게 소개하며 어떻게 이런 일을 할 수 있는지를 보여준다.

- **Professor Emmy van Deurzen**, PhD, MPsych, MPhil, FBPsS, CPsychol, FBACP, UKCPF, HCPCreg, author of 17 books including 『Existential Perspectives on Coaching and Principal at the New School of Psychotherapy and Counselling』, UK

최상의 실존적 치료 분야에서 훈련받고, 실존적 긍정심리학(또는 긍정심리 제2의 물결, PP2.0) 리더들에게 영향을 받은 야닉 제이콥의 책은 실존주의 철학의 깊이와 PP2.0의 명확성과 낙관론을 결합하여 코칭 직업에 특별한 기여를 한다. 나는 라이프 코칭이든 긍정적인 경영 코칭이든 모든 코치는 야닉의 책을 통해 오래된 실존적 문제에 대한 새롭고 긍정적인 접근법에 관한 혜택을 볼 수 있다고 확신한다. 그래서 초보 코치나 노련한 코치 모두에게 이 작은 보석을 적극적으로 추천한다.

- **Dr Paul T. P. Wong**, president, International Network on

Personal Meaning; Originator of Existential Positive Psychology
and Integrative Meaning Therapy

의외로 코칭 대화는 흔히 목표에 초점을 맞춘다. 그러나 성장은 통찰력, 이해력, 그리고 의미를 통해 일어날 수 있다. 실존주의 접근 방식은 고객이 삶의 이러한 측면을 통해 의미와 목적을 향하여 여행하면서 고객과 함께할 수 있는 우아함과 공간과 시간을 허락한다. 이 책은 코칭계에 새롭게 떠오르는 스타 가운데 한 사람의 실존주의 코칭에 관한 뛰어난 통찰력을 제공한다.

- **Professor Jonathan Passmore**, University of Evora, Portugal, and Henley Business School, UK

야닉 제이콥은 긍정심리학, 실존주의 철학과 코칭이 서로 만나는 비옥한 땅을 지적이고 실질적으로 탐구하는 진정한 선구자이다. 이 책은 그의 사고와 전문지식을 훌륭하게 증류하여 많은 중요한 주제들을 능숙하고 통찰력 있게 다루고 있으며, 학자와 실무자 모두에게 훌륭한 영감을 주는 자료가 될 것이다.

- **Dr Tim Lomas**, author of 8 books including 『The Positive Power of Negative Emotions』, 『The Happiness Dictionary and Second Wave Positive Psychology: Embracing the Dark Side of Life』

실존적 주제는 항상 코칭의 핵심이었다. 결국, 우리는 모두 인간이기에 코칭의 초점이 무엇이든, 코칭은 각기 다르게 인식하고 의미를 부여하는 죽음의 운명을 인지하는 야수인 인간을 다룬다. 그러나 많은 코치가 실존적 주제 다루기를 꺼리며, 흔히 의미와 목적, 그리고 인간과의 대립에 대한 더 깊은 문제는 치료사에게 맡기는 것이 가장 좋다는 잘못된 가정을 하거나 심지어 두려워하기도 한다. 야닉은 이러한 이분법에 동의하지 않으며, 항상 인간 존재에 대한 것이고 실존적 소여의 영역을 벗어날 수 없다는 것을 인정하는 코치들을 중심으로 빠르게 성장하는 운동의 일원이다. 이 책에서, 야닉은 새로운 코치이든 노련한 코치이든 새로운 영역으로 들어가는 것을 느끼면서 시작할 수 있고, 지금까지 자연스럽게 끌고 온 실행에 언어와 이론을 부여하는 방식으로 실존주의 코칭 아이디어와 실천을 살려낸다. 코칭 세계에 꼭 필요하고 귀중한 책이다.

- **Nick Bolton**, founder & CEO, Animas Centre for Coaching

최근 의미와 목적을 둘러싼 문제로 고민하는 사람들이 많아지고 거의 유행처럼 번지고 있다. 그러므로 훌륭한 코칭은 불가피하게 실존적 관심사를 다루어야 하고, 실제적이고 현실적인 방식으로 대처해야 한다. 이것이 바로 야닉이 실존주의 코칭을 하는 이유이며, 그가 마침내 그의 모든 지식과 경험을 이 책으로 합치게 되어 매우 기쁘다. 브라보!

- **Seph Fontane Pennock**, co-founder, Positive Psychology Program

이것은 열정적이고 용기 있는 프랙티셔너가 사려 깊게 제시한 실존주의 코칭의 새로운 훈련에 대한 통찰력 있고 계몽적인 안내서이다.

- **Professor Christian van Nieuwerburgh**, executive director of Growth Coaching International; professor of Coaching and Positive Psychology, University of East London, UK

내가 기억하는 한, 나는 사람들이 진정으로 그리고 깊이 그들의 삶이 무엇인지에 대해 숙고한다면 세상은 훨씬 더 나아질 것이라는 생각에 이끌려 왔다. 내가 의미, 목적, 그리고 실존적인 문제에 관해 연구하기 시작했을 때, 사람들에게 그들의 삶이 무엇인지에 관해 물어보면 흔히 겁을 낸다는 것을 발견하였다! 그런 거대하고 끝없는 질문으로 사람들을 대면하는 것은 불확실성, 의심, 심지어 두려움을 만들 수 있다. 사람들은 안전한 상태에서 가장 깊은 이 질문들에 뛰어들기를 원한다. 『실존주의 코칭 입문』은 이 난제에 대한 아름다운 해결책을 제공한다. 이 멋진 책은 사람들이 두려움, 불확실성보다는 행동 지향적인 코칭 구조action-oriented structure of coaching가 어떻게 사람들을 축하할 수 있는지를 보여주면서, 코치와 프랙티셔너에게 사람들이 탐구하는 데 필요한 영감과 안전을 기르고 그들의 삶을 최고의 것으로 만드는 방법을 보여준다.

- **Michael F. Steger**, PhD, founding director, Center for Meaning and Purpose, Colorado State University, USA

야닉은 코칭에 깊고 새로운 의미를 부여하는 것 이상의 일을 하며, 우리 자신의 존재와 목적을 바라보는 도전적이고 새로운 방법을 제공한다. 이 글을 읽으며 내가 생각하고 행동하는 방식에 도전이 되었고, 편하진 않더라도 내 코칭 방식을 바꾸게 될 것이다. 우리 팀 모두가 이 책을 읽기를 권한다.

- **Bill Eckstrom**, speaker, author and president, EcSell Institute

나는 실존주의적 접근 방식이 마음에 든다. 그것은 인생에서 당신의 개인적인 의미와 진실 경험에 더 깊이 들어가게 한다. 이것은 강력한 코칭 기반과 결합하여 고무적인 영감을 얻을 수 있다. 이 책은 실존주의 코칭 안에서 이론과 실천 모두를 명확하게 이해시켜준다. 여러분이 개인적인 변화를 추구하든, 다른 사람들의 코칭을 추구하든, 이 책은 여러분의 도구상자tool-box에서 필수적인 도구가 될 것이다.

- **Itai Ivtzan**, PhD, associate professor, Naropa University, USA;
author of 『Awareness is Freedom: The Adventure of Psychology and Spirituality』

야닉 제이콥의 책은 실존주의 코칭에 대한 그의 이해를 더 많은 독자층에 소개하겠다는 약속을 전한다. 내용은 분명하고 접근하기 쉬우며 전체적으로 이 주제에 대한 제이콥의 열정이 드러난다.

- **professor Ernesto Spinelli**, ES Associates, UK

이것은 처음 시작하든 경험이 많든 자기 기량의 하나로 실존적 접근법에 대해 더 많은 것을 배우기를 원하는 모든 코치가 반드시 읽어야 할 책이다. 이 주제에 대한 야닉의 경험과 전문성, 열정이 빛을 발휘하는 이유는 그가 실존주의 코칭의 기본 요소를 제시하는 동시에 산업 전반에 대한 통찰력을 제공한다는 것이다.

- **Sasha van Deurzen-Smith**, existential coach and programme Leader of the MA Existential Coaching at the New School of Psychotherapy and Counselling, UK

이 책은 고객과 함께 더 깊이 들어가고자 하는 코치들에게 귀중한 자료이다. 이 책은 고객이 경험하는 실존 문제의 복잡함을 파악할 뿐만 아니라 고객이 자기 행동의 동인을 의미 있게 검토하는 데 도움이 되는 실용적인 코칭 접근 방식을 제공한다. 또 독자들이 자기 삶에서 실존적인 주제를 파악하도록 돕는 부차적인 목표를 가지고 있으며, 따라서 그들의 코칭 제안을 다듬는다.

- **Richard Thorby**, ACC, MBA(IMD), leadership coach

그의 저서 『실존주의 코칭 입문』에서 야닉 제이콥은 우리에게 중요한, 철학적이면서도 믿을 수 없을 정도로 관련 있는 접근법에 대한 훌륭한 통찰력과 위치를 알려준다. 실존적 질문은 코칭에서 많은 현재 문제presenting issue의 핵심이며, 이 책은 고객의 심리적 행복을 어떻게 지원하는지를 더욱 심화시킬 것이다. 책 전반에 걸친 실존적 질문들은 자기 성찰을 위한 그리고 다른 사람들과 함께 일할 수 있는 풍부한 도구들을 만들어낸다. 책은 내가 무엇을 하고 어떻게 하는지 성찰하도록 자극하며, 이 책을 읽는 것은 현재 내가 하는 실행의 경계를 성찰하는 훌륭한 방법이었다. 나는 이 책을 노련한 코치나 새로운 코치 모두에게 추천하고, 내 프랙티셔너 도서 목록에 추가할 것이다. 이렇게 중요한 책을 써주어서 감사하다.

- Dr Magdalena Bak-Maier, high performance coach and Heart & Mind Integration Method pioneer

코칭은 흔히 고객의 목표 달성을 지원하는 방법으로 소개된다. 오늘날처럼 복잡하고 불확실한 세계에서는 고객들이 삶과 존재에 대한 더 큰 질문을 열고 탐구할 수 있도록 돕고, 삶의 불확실성과 더불어 살아가는 방법을 찾을 수 있도록 하는 코칭이 시급히 요구된다. 이 책은 우리가 살고 일하는 세계의 더 깊은 문제를 다루고자 하므로 우리 직업에 크게 기여한다.

- **Aboodi Shabi**, leadership coach

실존주의 작가들의 글은 간결하지 않다고 알려져 있다. 이와는 대조적으로, 야닉 제이콥은 엄청난 양의 실존주의 철학과 코칭 실행을 이 짧은 책에 담았다. 이 책은 수년 전 내가 처음 코치 일을 시작했을 때 갖고 싶었던 책이다. 그것은 실존주의 코칭 세계에 대한 문을 열고, 경험이 있든 없든, 코칭 세계에 새로 왔든, 어떤 코치라도 탐색할 수 있는 지도를 그려낸다. 저자의 진정성은 모든 페이지에서 드러나며, 개인적인 통찰력과 반성을 위한 질문을 공유한다. 전반적으로 실존적 코칭에 관한 멋진 소개를 즐겁게 읽었으며, 나에게 왜 코치를 하는지를 상기시켰다.

- **Billy Byrne**, executive coach and leadership development specialist

나는 대체로 실존주의 코칭 개념이 코칭 커뮤니티에서는 여전히 당혹감을 느끼게 한다고 생각한다. 그러나 이러한 접근 방식은 특히 불확실성이 큰 현시점에서 많은 것을 제공하므로, 실존주의 코칭에 대한 입문서는 시기적절하다. 야닉의 책은 읽기 쉽고 잘 구조화되어 있어, 지식과 경험이 없는 사람들에게도 유용하다. 또 그들의 실행에 이 요소들을 통합하도록 이 분야를 단계별로 소개한다.

- **Dr Nash Popovic**, co-author of Personal Consultancy: A Model for Integrating Coaching and Counselling; founder of the first postgraduate programme in Integrative Counselling and Coaching

실존적 질문과 열망은 인류 역사만큼이나 오래된 것이며, 빠른 속도로 진행되는 디지털화와 글로벌 21세기는 자신만의 고유한 도전 과제를 제시해주는 듯하다. 우리 시대의 불확실성과 불안정성 앞에서 정신 건강 전문가들은 접근할 수 있으면서도 심오한 방식으로 긴급한 실존적 우려를 해결해야 한다. 이 감동적인 책에서 야닉 제이콥은 우리에게 자아 발견의 여정을 통해 충만하고 의미 있는 삶을 살기 위한 청사진을 제시한다. 이 책은 핵심 원칙, 통찰적 성찰과 함께 실질적 개입을 종합적이고 통합적이며 접근 가능한 프레임워크로 결합한다. 직접적이고 명확하며 잘 연구된 이 책은 코치, 치료사, 교육자, 학생, 그리고 본질에서 자기 이해와 성장을 위해 노력하는 모든 사람을 위한 가치 있는 아이디어와 실용적인 도구를 제시한다.

- **Dr Pninit Russo-Netzer**, diplomate clinician in logotherapy; co-editor of Meaning in Positive and Existential Psychology and Clinical Perspectives on Meaning: Positive andExistential Psychotherapy

야닉의 책은 조직 공간에 쉽게 적용할 수 있으며, 이제 막 실존적 및/또는 코칭이 의미하는 바를 탐구하기 시작한 사람들을 포함한 모든 사람이 이용할 수 있다는 점에서 실존적 코칭 문헌의 상당한 간극을 채운다. 실존주의와 코칭에 대한 야닉의 헌신과 열정을 아는 나는 그가 코칭 공간에서 실존적 사고에 대한 이해와 실천을 넓힐 작품을 만드는 데 그의 에너지와 시간을 할애한 것이 정말 다행이라고 말할 수 있다. 이 책은 실존적 코칭이 무엇인지, 고객의 업무에 실제로 적용할 방법을 자주 고민해온 경험이 있는 코치(사내 또는 독립적)뿐만 아니라 미래의 모든 코칭 교육 프로그램에도 훌륭한 자원이 될 것이다.

- **Angela Jopling**, leadership coach and coaching supervisor, BrightStar Executive Coaching

영국의 심리 코칭 분야에서 조용한 운동가이자 영향력 있는 사람으로 묘사되어 왔기 때문에, 나는 아마도 이 분야의 혁신들(또는 그것들의 부족)에 대한 증인으로서의 위치에 있을 것이다. 그러나 때때로 인간의 잠재력에 대한 믿음은 영감을 주고 삶을 긍정하는 독서를 통해 되살아난다. 야닉의 새 책이 바로 그것이다. 나는 야닉 자신의 여정과 그것이 어떻게 그의 실행과 가르침으로 변환되었는지에 대해 즐겁게 읽었다. 그는 모든 단어에서 실존적 헌신을 모델로 삼아 큰 질문에 참여하는 것을 주저하지 않는다.

그는 모든 단어에서 존재론적 의미를 가져오며, 큰 질문들[역주7]에 관여하는 것을 피하지 않는다. 실존적 코칭의 본질과 용기, 열정 그리고 진정성 있게 살아가고 일하는 방법에 마음을 열고자 하는 실천가 누구에게나 '출발Go To' 제목이 될 운명의 책이다. 나는 이 분야의 많은 책과 기사를 검토해 보았지만, 누구도 이렇게 큰 기쁨을 주지 않았다. 이 추천서를 쓰는 것은 나에게 선물이었으며, 시인 루미의 '당신이 사랑하는 것의 아름다움이 당신의 일이 되게 하라'라는 글을 떠올리게 하였다. 야닉의 기여는 더 많은 것을 보여준다.

- Margaret Chapman-Clarke, positive psychologist, existential coach; editor, 「Mindfulness in the Workplace: An Evidence-Based Approach to Improving Wellbeing and Maximising Performance」

야닉의 책 『실존주의 코칭 입문』은 내가 실존적 접근법을 처음 발견했을 때 느꼈던 흥분을 다시 느끼게 했다. 고마워요! 나는 실존주의 코칭처럼 겉으로 보기에 오해의 소지가 있는 것에 이견을 말할 수 있는 사람을 항상 감사히 여겨왔다. 야닉은 이러한 개념들을 쉽게 접근할 수 있게 만들었을 뿐만 아니라, 즐겁게 만들었다. 나는 이 책을 읽으면서 내내 미소를 지었다. 내가 활짝 웃지 않은 유일한 때는 마케팅 챕터를 읽을 때였다. 그 챕터 동안은 나는 동의하며 고개를 끄덕였다. 사업을 성장시키는 데 진지한 코치는 누구나 그 반응을 이해할 것으로 생각한다. 야닉의 스타일은 진솔한 방식으로, 머리를 짜릿하게 하는 질문, 가치 있는 아이

역주7) big question은 삶의 여정에서 큰 의미 또는 중요하거나 심각한 결정에 관련된 질문으로 본문에서는 문맥에 따라 큰 질문, 중요한 질문, 심각한 질문 등으로 번역함.

디어, 그리고 중요한 도전들을 드러낸다. 그는 정말 복잡한 철학적 토대를 코칭의 실질적인 함의와 완벽하게 통합하여, 새로운 코치와 경험이 풍부한 코치가 모두 책을 이용할 수 있도록 한다.

- Linda DeLuca, author, An Exploration of the Existential Orientation to Coaching

실존주의의 어두운 연관성에 깊은 힘을 주는 것으로 재구성하는 것은 쉬운 일이 아니다! 야닉은 장난기 넘치고 분석적이며 현실적인 방식으로 큰 아이디어를 끄집어내는데 탁월하며 코칭 환경에서 실용적으로 적용하는 방법을 이야기한다. 책에서 그가 말하는 인생의 도전적인 호기심과 열정을 들을 수 있는데, 그것은 순간의 덧없음에 우리의 귀를 열고, 삶의 난해함과 불확실성을 의미 있는 원천으로 받아들이도록 격려하고 상기시키는 것이다. 삶의 사고방식. 이것은 대담하고 설득력 있는 메시지이다. 코치 독자와 고객뿐만 아니라 인류에게도 마찬가지이다.

- Georgie Nightingall, life coach, trainer, speaker, philosophy teacher; founder, trigger conversations

실존적 아이디어와 치료적 접근은 인간 존재의 본질에 대한 질문과 관련이 있으며, 삶의 목적과 의미 발견, 불확실성, 위기 및 죽음에 직면, 책임 그리고 삶의 진정성과 그 이상을 포함하는 삶의 주요 과제들을 비판적이고 창의적으로 성찰하도록 우리를 초대한다.

이 고무적이고 생각을 자극하는 책에서 야닉 제이콥은 이러한 아이디어가 코칭 실천에 어떻게 통합될 수 있는지, 고객 삶의 선택과 우려와 과제를 성찰하고 원하는 변화를 이룰 수 있도록 어떻게 지원하는지를 능숙하게 보여준다. 이 책은 저자의 방대한 경험과 이 분야의 기존 연구를 바탕으로 한 강력하고 실천적인 접근법으로, 실존주의 코칭에 대한 철저하고 몰입적이며 창의적인 가이드를 제공하며, 모든 코치, 학자, 훈련생들에게 필수적인 책이다.

- **Dr Rona Hart**, programme leader, MSc Applied Positive Psychology, University of East London, UK

실존주의 코칭의 실천자로서 나는 야닉 제이콥의 책을 매우 환영한다. 이것은 삶을 긍정하는 방식으로 다른 사람들과 함께 일하고 싶어 하는 코치들에게 필요한 철학적 자세, 태도, 역량과 더불어 실존적 코칭 원칙에 대해 철저하고 영감적이며 잘 쓰인 입문서이다. 주제가 복잡하고 항상 이해하기 쉬운 것은 아니지만 야닉은 가볍고 동기를 부여하는 방식으로 글을 쓰면서 책 전반에 걸친 중요한 성찰적 질문을 통해 독자와 연결한다. 이 책이 더 많은 코치가 실존적 접근법을 선택하여 사람들이 더 진정성 있고 희망차게 더 나은 삶을 살 수 있도록 진정으로 도움을 줄 수 있는 역량을 개발하는 데 도움이 되기를 희망한다.

- **Anne Kongsted Krum**, senior consultant, Cabi; existential coach, DilemmaCoaching and Stress-Profilen.dk

이 책을 통해 여러분과 여러분 고객의 삶이 모두 변화할 것이다. 새로 자격을 얻은 많은 코치처럼, 나 역시 훈련을 마친 뒤에 나만의 틈새시장을 개척해야 할 필요성을 느꼈다. 내 전문 분야에 대한 탐색은 야닉의 실존적 코칭 훈련 주말에서 시작되었고 그곳에서 완성되었다. 이 책은 그 과정에서 했던 것과 같은 미묘한 균형을 이루고 있다. 야닉이 대화 형식으로 초대하는 탐색은 잘 연구된 기반 위에서 이루어지며, 코치와 고객 모두에게 인생을 바꿀 기회를 제공한다. 야닉은 이렇게 새롭게 떠오르지만 자주 오해를 받는 코칭 영역을 인생의 미지의 영역에 더 깊이 파고들려고 하는 모든 사람에게 접근할 수 있도록 만든다. 간단하고, 읽기 쉽지만 오늘날에는 분명히 필요한 책이다.

- **Marcie Boyer**, existential life coach; author, What I Know about Jumping: Real Life Lessons on. Finding the Courage to Make Major Life Change

만약 내가 이미 실존적 프랙티셔너가 아니라면, 나는 이 책을 읽고 프랙티셔너가 되고 싶을 것이다! 야닉은 실존주의 코칭에 대해 접근할 수 있는 내용을 집필했다. 그는 어려운 개념과 복잡한 현상을 간단한 말로 설명한다. 그는 일반적으로 광범위한 코칭 분야에서 실존주의 코치라는 독특한 위치를 차지한다. 야닉의 직업에 대한 열정은 그의 말과 개인적인 예를 통해 빛을 발휘한다. 저자는 실존주의 철학과 긍정심리, 프로그램과 연구에 의한 정보에 따라 개인적인 것과 관계적인 것에 대하여 다리를 연결하듯이 접근한다. 다리를 건설하는 것은 사람을 돕는 직업으로써 사람들이 해체되는 시대에 매우 중요하다. 이 책은 코칭이 표면적 문제 해결 중심 접근법으로 흘러가는 시기에 시의적절하며, 야닉은 실존적 기반을 바탕으로 코칭 실행의 중요성과 매력을 보여준다. 그는 실존철학에서 나온 핵심 개념들을 소개하고, 연습 과정에서 독자들에게 그 개념들에 적극적으로 참여하도록 유도한다. 이 책은 독자들이 복잡한 실존적 작업을 향해 가는 길에 첫 디딤돌을 제공한다.

- **Dr Joel Vos**, PhD, researcher and lecturer at Metanoia Institute; leader, professional doctorate, Existential Psychotherapy and Counselling at the New School of Psychotherapy and Counselling, UK; author, Meaning in Life: An Evidence-Based Handbook for Practitioners

스타트업의 영역은 실존주의 코칭의 특별하고 독특한 맥락을 나타낸다. 창업은 본래 속도가 빠르고, 행동 지향적이며, 학습의 상당 부분이 현장 직무 안에 있다. 안다는 것은 쓸모없는 것이 되었다. 우리가 알지 못할 때 어떻게 행동하느냐가 새로운 가치가 되었다. 많은 사람이 앞이 보이지 않거나 어둠 속을 더듬으며 출근한다. 현대 노동계에서 진정한 리더십의 놀라운 광경들을 볼 수 있는 눈이 아직 많이 뜨이지 않았다. 실존적 지도자는 새로운 성배이다. 야닉이 펼쳐 놓은 코칭 공간은 이러한 리더가 등장하고 성장할 수 있도록 한다.

- **Matthew Laffer**, founder & CEO, Goalspriing

저자 및 역자 소개

저자

야닉 제이콥Yannick Jacob

야닉 제이콥은 코치이며 트레이너, 수퍼바이저, 명상가이고 변화 에이전트이다. 영국 이스트 런던 대학의 코칭심리 석사 과정 프로그램의 리더를 역임했으며, 실존주의 철학의 틀과 긍정심리학을 기반으로 증거기반의 코칭을 연구해오고 있다. 야닉은 균형, 명확성, 사람들이 생각하도록 돕는 일 그리고 인간의 모든 경험 영역에서 살아갈 용기를 개발하는 것을 삶의 행복으로 느끼며, 코치와 리더들 그리고 많은 전문가와 함께 이러한 작업을 해오고 있다.

역자

박신후

30년간 LG전자에 몸담았고, 우송대학교 교수로 재직하면서 남서울대학교 대학원 코칭학과 박사과정을 수료하였다. 철학을 기반으로 삶의 근원적 변화를 만들 수 있는 실존주의 코칭에 관심을 두고 연구 중이다. 현재 한국코칭학회 상임이사와 ICF Korea 챕터 대외협력위원으로 활동하고 있다.

발간사

"저는 그것이 ○○라고 생각됩니다."

우리 일상에서 흔히 사용하는 말이다. '생각되다'에는 피동의 의미가 있다. '~로 보여집니다'라는 표현도 마찬가지다. 물론 어법에도 맞지 않지만 역시 '본다'와 '보인다'는 의미에서 큰 차이가 있다. 그런데도 이렇게 표현해야만 오히려 '있어 보이는' 느낌이 들기도 한다. 왜 우리는 '스스로' 생각하거나 보지 않고 무엇인가에 의하여 '생각하여지게' 되거나 '보이게' 되는 사람이어야 하는가 하는 의문이 든다. 혹시 우리가 이렇듯 무의식적으로 사용하는 언어가 우리의 삶에도 어떤 영향을 미치는 것은 아닐까? 이런 습관이 어느 순간 우리에게서 자율성과 능동성을 앗아가는 것은 아닐까?

언어가 우리 사고체계를 형성하거나 영향을 미친다는 가설은 언어학자들 사이에서 오래도록 논란이 돼온 주제이다. 그런데도 이런 생각을 해보는 것은 '자기 자각'이라는 실존의 본질적 탐구 주제를 환기해보기 위함이다. 우리가 자각적 주체성을 회복하려면, 마치 흐르는 '강물을 거꾸로 거슬러 오르는 연어들'처럼 기존의 생각과 세계를 벗어나 자기를 초월하려는 용기와 결단이 필요하다. 인간에게는 피할 수 없는 시간성, 죽음, 불확실성, 고립과 자유, 선택과 책임, 의미와 목적, 진정성과 같은 이른바 '소여'라는 인간조건이 있다. 이 책 『실존주의 코칭 입문』에서 저자 야닉 제이콥은 실존주의 핵심 주제를 물리적, 사회적, 개인적(정신적), 영적 차원의 네 가지로 정리했는데, 실존주의 코칭도 바로 이것이 중심을 이룬다. 우리에게 주어진 많은 도전과 불안에 맞서 용기 있게 세상과 교류하고 이것들을 포용하면서 고객의 삶을 가치와 의미로 가득한 세계로 안내하려는 것이 실존주의 코칭이 의도하는 바다. 다시 말하면, '지금 여기'에서 자신의 존재 방식을 자각하려는 실존의 본질을 이해함으로써 자각과 성찰, 내적 동기 강화로 이어지게 하려는 것이다.

사람들의 삶은 저마다 다 다르고 독특함을 지녔기에 어

느 한 가지 틀로만 바라볼 수 있는 것은 아니다. 더욱이 조력 전문가로서 코치에게는 인간의 다양한 측면과 복잡한 층위를 입체적으로 바라볼 수 있는 지식과 지혜를 겸비해야 한다고 믿는다. 이를테면, 전문 사진가가 다양한 렌즈를 써서 피사체의 특징을 표현해내는 것과 같다. 실존주의 코칭도 어떤 코치에게는 이런 렌즈를 하나 더 추가하는 것일 수 있으며, 또 어떤 코치에게는 자기 코칭이 한층 더 깊어지는 기회의 선물이 될 것이다.

변동이 심하고, 복잡하고, 불확실하고, 모호하기까지 한, 이른바 VUCA 시대에 우리의 실존적 자각은 개인 삶에서든 조직 생활에서든 점점 더 절박한 과제가 아닐 수 없다. 이런 점에서 실존주의 코칭 접근법은 시의적절한 대안이 될 것으로 확신한다. 국내에서 아직은 독자적이고 자생적 코칭 접근법 연구와 임상 적용이 쉽지 않은 상황에서 우리보다 앞서 새로운 길을 개척해 나가는 외국의 사례는 우리에게 유용한 길라잡이가 된다. 한국코칭수퍼비전아카데미의 호모코치쿠스 시리즈는 이러한 선례를 단순히 따라가는 데 그치는 것이 아니라 재해석과 재창조를 통해 이를 더욱 발전시켜야 한다는 비전과 사명감을 바탕에 깔고 있다. 호모코치쿠스 시리즈 스물세 번째 책, 『실존주의 코칭 입문』 역시 우리나라에 처음으로 소개되는 만큼 코칭의 지평을 넓히는 대단히 의미 있는 출발이 될 것이다.

번역이라는 언어의 한계와 실존주의라는 철학적 명제를 소화하며 기꺼이 험난한 여정을 감수한 박신후 코치께 동료 코치로서 무한한 존경과 감사를 드린다. 그 덕분에 우리는 이제 실존주의 코칭이라는 고급 렌즈를 하나 더 추가하게 되는 기쁨을 누리게 되었다.

나는 발간사 지면을 통해서 줄곧 입장을 피력해왔지만, 이번 『실존주의 코칭 입문』이 단순히 코칭 번역서 한 권을 추가하는 데 그치는 것이 아니라 역자를 중심으로 관심 있는 코치들이 참여하여 우리 환경에 맞는 코칭 접근법으로 발전시켜야 더욱 의미 있는 작업이 될 것으로 생각한다. 이 책의 저자도 자세히 밝히고 있듯이 실존주의 코칭 이론과 실제가 결코 저자 혼자만의 힘으로 이루어진 것은 아니다. 다른 학문 분야의 이론과 연구, 실존주의 코칭에 관심을 두고 이론과 경험을 나누고 적극적으로 참여한 연구자와 실천가들이 함께 노력한 결과물이다.

우리도 멀지 않은 장래에 영국처럼 실존주의 코칭을 전공하는 대학원 과정이 열리게 될 날을 기대해본다.

코치 정익구

호모코치쿠스

코칭 튜업 21
: ICF 11가지 핵심 역량과 MCC 역량

김상복 지음

뇌를 춤추게 하라
: 두뇌 기반 코칭 이론과 실제
Neuroscience for Coaching

에이미 브랜 지음
최병현, 이혜진 옮김

마음챙김 코칭
: 지금-여기-순간-존재-하기
Mindful Coaching

리즈 홀 지음
최병현, 이혜진, 김성익, 박진수 옮김

코칭 윤리와 법
: 코칭입문자를 위한 안내
Law & Ethics in Coaching

패트릭 윌리암스, 샤론 앤더슨 지음
김상복, 우진희 옮김

조직을 변화시키는 코칭 문화
How to create a coaching culture

질리안 존스, 로 고렐 지음
최병현, 이혜진 등 옮김

내러티브 상호협력 코칭
: 3세대 코칭 방법론
A Guide to Third Generation Coaching : Narrative-Collaborative Theory and Practice

라인하드 스텔터 지음
최병현, 이혜진 옮김

임원코칭의 블랙박스
Tricky Coaching

맨프레드 F. R. 케츠 드 브리스 등 편집
한숙기 옮김

마스터 코치의 10가지 중심이론
Mastery in Coaching

조나단 패스모어 편집
김선숙, 김윤하 등 옮김

코칭·컨설팅
수퍼비전의 관계적 접근
Supervision in Action

에릭 드 한 지음
김상복, 조선경, 최병현 옮김

정신역동과 임원코칭
: 현대 정신분석 코칭의 기초1
Executive Coaching :
A Psychodynamic Approach

캐서린 샌들러 지음
김상복 옮김

수퍼비전
: 조력 전문가를 위한 일곱 눈 모델
Supervision in the Helping Professions

피터 호킨스, 로빈 쇼헤트 지음
이신애, 김상복 옮김

코칭 프레즌스
: 코칭개입에서 의식과 자각의 형성
Coaching Presence : Building Consciousness and Awareness in Coaching Interventions

마리아 일리프 우드 지음
김혜연 옮김

멘탈력
정신적 강인함에 대한 최초의 이론적 접근
Developing Mental Toughness :
Coaching strategies to improve performance, resilience and wellbeing

더그 스트리챠크지, 피터 클러프 지음
안병옥, 이민경 옮김

코치 앤 카우치
Coach and Couch

멘프레드 F.R. 케츠 드 브리스 등 지음
조선경, 이희상, 김상복 옮김

리더의 정치학
: 조직개혁과 시대전환을 위한 창발 리더십 모델
Leading Change: How Successful Leaders Approach Change Management

폴 로렌스 지음
최병현 등 옮김

고용 가능성
고용+가능성 업그레이드 전략
Developing Employability and Enterprise:
Coaching Strategies for Success in the Workplace

더그 스트리챠크지, 샬롯 보즈워스 지음
조현수, 최현수 옮김

게슈탈트 코칭
바로 지금 여기
Gestalt Coaching: Right here, right now

피터 브루커트 지음
임기용, 이종광, 고나영 옮김

강점 기반 리더십 코칭
: 조직 내 긍정적 리더십 개발을 위한 가이드
Strength_based leadership Coaching in Organization An Evidence based guide to positive leadership development

덕 매키 지음
김소정 옮김

영화, 심리학과 라이프 코칭의 거울
The Cinematic Mirror for Psychology and Life Coaching

메리 뱅크스 그레거슨 편저
앤디 황, 이신애 옮김

영웅의 여정
자기 발견을 위한 NLP 코칭
The Hero's Journey: A voyage of self-discovery

스테판 길리건, 로버트 딜츠 지음
나성재 옮김

VUCA 시대의
조직문화와 피어코칭
Peer Coaching at Work

폴리 파커, 팀 홀, 캐시 크램, 일레인 와서먼 공저
최동하, 윤경희, 이현정 옮김

정신역동 마음챙김 리더십
: 내면으로의 여정과 코칭
Mindful Leadership Coaching : Journeys into the interior

맨프레드 F.R. 케츠 드 브리스 지음
김상복, 최병현, 이혜진 옮김

〈출간 예정〉

실존주의 코칭 입문
: 알아차림·용기·주도적 삶을 위한 철학적 접근

야닉 제이콥 지음
박신후 옮김

ADHD Coaching
- 정신건강 전문가를 위한 가이드

프란시스 프레벳, 아비가일 레브리니 지음
문은영, 박한나, 가요한 옮김

내러티브 코칭
: 새 스토리의 삶을 위한 확실한 가이드
Narrative Coaching : The Definitive Guide to Bringing New Stories to Lif

데이비드 드레이크 지음
김혜연, 김상복, 서정미 옮김

글로벌 코치 되기
: 국제코칭연맹 공식 가이드

조나단 페스모어, 트레이시 싱클레 지음
김상학 옮김

수퍼바이지와 수퍼비전
: 수퍼비전을 위한 가이드

에릭 드 한, 윌레민 레구인 지음
한경미, 박미영, 신혜인 옮김

공감으로 완성하는 코칭
: 평범함에서 탁월함으로

앤 브록뱅크, 이안 맥길 지음
김소영 옮김

시스템 코칭
: 개인을 넘어 가치로

피터 호킨스, 이브 터너 지음
최은주 옮김

코칭과 정신건강 가이드
: 코칭에서 심리적 과제 다루기
A Guide to Coaching and Mental Health : The Recognition and Management of Psychological Issues

앤드류 버클리, 케롤 버클리 지음
김상복 옮김

정신역동 코칭
: 30가지 특징

클라우디아 나젤 지음
김상복 옮김

인지행동 코칭
: 30가지 특징

마이클 니난 지음
박지홍 옮김

코칭수퍼비전의 이론과 모색
Coaching and Mentoring Supervision : Theory and Practice

타티아나 바키로버, 피터 잭슨, 데이빗 클러터벅 지음
김상복, 최병현 옮김

비연속 단일회기 코칭
: 30가지 특징

윈디 드라이덴 지음
김상복 옮김

인지행동 기반 **라이프코칭**
Life Coaching : A Cognitive behavioural approach

마이클 니난, 윈디 드라이덴 지음
정익구 옮김

웰다잉 코칭
생의 마지막과 상실을 겪는 사람들을 위한 코칭 가이드
Coaching at End of Life

돈 아이젠하워, J. 발 헤이스팅 지음
정익구 옮김

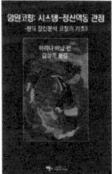

임원코칭
: 시스템 – 정신역동 관점
– 현대 정신분석 코칭의 기초 3
Executive coaching: System-psychodynamic persfective

하리나 버닝 편집
김상복 옮김

정신역동 코칭의 이해와 활용
: 현대 정신분석 코칭의 기초2
Psychodynamic Coaching : focus & depth

울라 샤롯데 벡 지음
김상복 옮김

시스템 코칭과 컨스텔레이션
Systemic Coaching & Consitellations

존 위팅턴 지음
가향순, 문현숙, 임정희, 홍삼렬, 홍승지 옮김

10가지 코칭 핵심주제 사례연구
: 20개 사례와 40개 논평
Complex Situations in Coaching

디마 루이스, 폴린 파티엔 디오콘 지음
김상복 옮김

코칭심리학(2판)
실천연구자를 위한 안내서
Handbook of Coaching Psychology

스티븐 팔머, 앨리스 와이브로 엮음

코칭 이론과 실천
The SAGE Handbook of Coaching

타티아니 바흐키로바, 고든 스펜스, 데이비드 드레이크 엮음

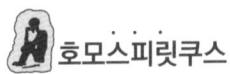 호모스피릿쿠스

나르시시스트와 직장생활하기
Narcissism at Work: Personality Disorders of Corporate Leaders

마리 린느 제르맹 지음
문은영 · 가요한 옮김

정신분석 심리치료의 기본과 실천
: 정신분석·지지적 심리치료와의 차이

아가쯔마 소우 지음
최영은 · 김상복 옮김

조력 전문가를 위한
공감적 경청
共感的傾聽術
:精神分析的に"聽く"力を高める

고미야 노보루 지음
이주윤 옮김

철학과 정신분석 (근간)
Philosophy and Psychoanalysis

Richard Gipps,
Michael Lacewing 편집

(코쿱북스)

코칭의 역사
Sourcebook Coaching History

비키 브록 지음
김경화, 김상복 외 15명 옮김

101가지 코칭의 전략과 기술
: 젊은 코치의 필수 핸드북
101 Coaching Strategies and Technique

글래디나 맥마흔, 앤 아처 지음
김민영, 한성지 옮김

리더십을 위한 코칭
Coaching for Leadership

마샬 골드 스미스,
로렌스 라이언스 등 지음
고태현 옮김

코칭 A to Z

누구나 할 수 있는 코칭 대화 모델
: GROW_candy 모델 이해와 활용

김상복 지음

세상의 모든 질문
: 아하에서 이크까지, 질문적 사고와 질문 공장

김현주 지음

첫 고객.첫 세션 어떻게 할 것인가
(1) 윤리적 가이드라인과 전문가 기준에 의한 고객 만남
(2) 코칭계약과 코칭 동의 수립하기

김상복 지음

코칭방법론
- 조직 운영과 성과 리더십 향상을 돕는 효과성 코칭의 틀

이석재 지음

집필자 모집

- 멘토링 기반 코칭 방안과 사례 연구
- 컨설팅 기반 코칭 방안과 사례 연구
- 조직개발 코칭 방안과 사례 연구(1:1 또는 그룹코칭)
- 사내 코치 활동 방안과 사례 연구
- 주제별 • 대상별 시네마 코칭 방안과 사례 연구
- 시네마 코칭 이론과 실천 방안 연구
- 아들러 심리학 기반 코칭 방안과 사례 연구
- 코칭 기획과 사례 개념화(중심 이론별 연구)
- 코칭에서 은유와 은유 질문
- '갈굼과 태움', 피해 • 가해자 코칭
- 미루기 코칭 이해와 활용
- 코치의 젠더 감수성과 코칭 관계 관리
- 정서 다루기와 감정 관리 코칭 및 사례연구
- 코칭 장場 field • 공간과 침묵
- 라이프 코칭 핵심 과제와 사례 연구(청년 및 중년)
- 커리어 코칭 핵심 과제와 사례 연구(청년 및 중년)
- 노년기 대상 라이프 코칭 방안과 사례 연구
- 비혼 • 혼삶 라이프 코칭 방안과 사례 연구
- 코칭 스킬 총정리와 적용 사례
- 부모 리더십 코칭과 사례 연구(양육자 연령별)
- 코칭 이론 기반 코칭 방안과 사례
- 커플 코칭 방안과 사례
- 의식확장과 영성코칭
- 군 리더십 코칭
- 코칭 ROI 연구

■ 동일 주제라도 코칭 대상과 방식, 코칭 이론별 집필이 가능합니다.
■ 최소 기준 A4 기준 80페이지 이상. 코칭 이론과 임상 경험 집필 권장합니다.
■ 편집위원회와 관련 전문가 심사로 선정됩니다.
■ 선정 원고는 인세를 지급하며, 무료로 출판합니다.

호모코치쿠스 23

실존주의 코칭 입문
: 알아차림 • 용기 • 주도적 삶을 위한 철학적 접근

초판 1쇄 발행 2021년 6월 4일

펴낸이	김상복
지은이	야닉 제이콥
옮긴이	박신후
편 집	정익구
디자인	이상진
제작처	비전팩토리
펴낸곳	한국코칭수퍼비전아카데미
출판등록	2017년 3월 28일 제 2017-000021호
주 소	서울시 용산구 임정로 29길 18-1(효창동)
전자우편	hellojisan@gmail.com

문의전화 (영업/도서 주문) 카운트북

　　　　전화 | 070-7670-9080　　팩스 | 070-4105-9080
　　　　메일 | countbook@naver.com
　　　　편집 | 010-3753-0135

www.coachingbook.co.kr
www.homocoachcus.co.kr
www.facebook.com/homocoachcus

ISBN 979-11-89736-26-2 (03180)
책값은 뒤표지에 있습니다.